ケアマネジャーの会議力

高室成幸
Shigeyuki Takamuro

中央法規

はじめに

「皆さんは会議って好きですか？」

研修の場所でこの質問に「嫌い」と手を挙げるケアマネジャーの方は約7割にのぼります。まれに「好きです」と1割くらいの方の手が挙がりますが、「では苦手だと思われる方は？」の問いかけには9割以上の方が手を挙げます。

ケアマネジャーは「2つの支援」を担っています。
1つは、利用者（家族）への支援を、「相談」という技術で行います。
もう1つは、ケアチームへの支援を、「マネジメント」という技術で行います。

マネジメントとは、「組織（チーム）の運営手法」の総体です。
チームが自立（自律）を基本にしたケアを提供するためには、利用者（家族）とケアチームの「共有と合意」が必要となります。「共有」には利用者（家族）の情報から専門職が行う見立てがあります。そして「合意」にはケア方針に基づく課題や目標、サービス内容などを含む手立てがあります。
共有と合意を図るために必要となるのが「協議」です。
連携と信頼が生まれる場、それが効率的で創造的な「顔を合わせた話し合い」の空間です。おたがいの考えや意見、手持ちの情報が語られるプロセスで相互理解が進み、決めごとや調整・すり合わせもスムーズに進めることができます。
しかし、準備や進行の技術が未熟だと、途端に迷走を始め、一部の人ばかりが話したり、中途半端な決め方でチームに不協和音と不全感を抱かせることになります。これはサービス担当者会議だけではなく組織で行われているすべての会議に共通しています。

会議の進行は「技術」です。
技術ですから、本書を読みトレーニングすれば誰でも身につけることができます。そして参加者として発言するときにも活かすことができます。
「会議上手はマネジメント上手」です。
会議力はチームの力を引き出し、チームを盛り上げる「舵取り力」です。
本書が会議で悩む相談援助職の皆さんのコミュニケーションツールとなることを願っています。

おわりに本書の刊行にあたり、企画から編集までただならぬ労をとっていただいた中央法規出版の鈴木涼太氏に心からの感謝を述べたいと思います。

2017年4月

高室　成幸

本書の取り扱い説明書

　本書は「会議」を進行するための本ですが、大きな目的は「チームをまとめるための本」です。組織やチームのように、人が集まり行動をするとき、必ず話し合いの場（会議）が必要となります。さまざまな専門性を持つ人々がチームとして動くとき、「会議の質」がチーム力の質となります。

　本書は「会議上手はマネジメント上手」をコンセプトに、次のようなレベルで構成されています。

基本①	：第1章	会議の役割
基本②	：第2章	会議を進める5つの要素
基本③	：第3章	会議力のみがき方
応用編	：第4章	会議の進め方〜パズルで構造化する〜
現場①	：第5章	サービス担当者会議に参加する
現場②	：第6章	地域包括ケアにかかわる会議に参加する

1　本書の読み込み方

　どの章もどこから読んでも実践的に活用できる内容となっていますが、皆さんには次の視点で読んでいただくことをおすすめします。

1）やっていること

　まずは会議のなかでやれていることをチェックしましょう。それは自信にしましょう。やれていても不十分と判断できるものがあるなら、あとはそこを強化すれば会議の質はグンと上がります。

2）やっていないこと

　「これはやっていなかった」「考えたこともなかった」に気づけば、あとはやってみることです。はじめは戸惑うこともあるので十分準備して、できるなら少人数の会議や顔見知りの会議で、慣らし運転的にチャレンジしましょう。

3）やれそうなこと

　本書にはちょっとした工夫やアイデアをたくさん盛り込んでいます。会議が上手な人はこの「ちょっとした工夫」をうまく取り入れています。明日からすぐにやれそうなことはメモや手帳に書き込んでやってみましょう。

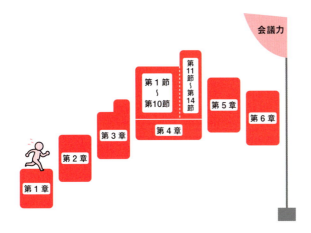

4）得意なこと（得意になれそうなこと）

　会議が嫌いな人も本書を読むと「これなら私だって得意といえる」と思えることが見つかるでしょう。またちょっとがんばれば得意といえるレベルになれるかな、と思うことが大切です。そこからレベルアップの道が始まるのですから。

5）苦手なこと（苦手そうなこと）

　一方、本書を読んで「これは苦手だ」と落ち込んでしまうこともあるでしょう。でも「どうやれば克服できるか」というアイデアやアドバイスも盛り込んであります。準備では例示したフレーズを声に出し、少人数の会議からチャレンジしてみましょう。

6）やってみたいこと

　大切なのは「これやってみたい！」と思えることです。本書は「会議乗り切りネタ帳」と思ってください。やってみたいことには赤マルをつけ、頭に浮かんだアイデアはすぐに本書に直に書き込みましょう！　やがてあなただけの「会議の本」に仕上がるでしょう。

2　本書を使いこなすための3つの提案

　本書は高室流会議術の指南書です。指南書ですから、ここに書かれた「会議の技（わざ）」を活かすも活かさないも読者のあなた次第です。いくら「わかった」としても「できる」ことにはなりません。まずは「実践する」ことです。やるほどに「技」はみがかれるのです。次の3つをやってみましょう。

- すべての会議の進行役は「会議力のトレーニング」として臨む
- 会議の事前準備で進行のシミュレーションとフレーズの声出しを行う
- 自分が参加者側のときは進行役の進め方や参加者の発言などを分析し、気づきや学びがあったら「よしこれは使える！」とメモ書きする

はじめに
本書の取り扱い説明書

第1章 会議の役割

第1節 理解する　認識を一致させる—2
第2節 共感する　わかちあえる—4
第3節 折り合う・すり合わせる　交渉と調整—6
第4節 納得する　尊重、合意、一致—8
第5節 分担する　役割・業務、責任とリスク、時間・予算・人手—10

第2章 会議を進める5つの要素

第1節 準備する—14
第2節 集める—18
第3節 話し合う—22
第4節 発言を引き出す—26
第5節 まとめる—30

第3章 会議力のみがき方

第1節 議題の設定—36
第2節 参加者の属性—40
第3節 環境づくり—44
第4節 進行役の作法—48
第5節 質問の仕方・聞き取り方—52
第6節 扱いにくい参加者への対応—56
第7節 進行の「困った」への対応—60
第8節 話し合いを「見える化」—64
第9節 ケース検討資料のつくり方・見せ方—68
第10節 議事録のつくり方—72

第4章 会議の進め方～パズルで構造化する～

第1節 話し合いの要素を「パズル」で見える化—80
第2節 情報を共有する—84

第3節　認識を一致させる──88
第4節　問題を発見し原因を分析する──92
第5節　思いを一致させる──96
第6節　調整・交渉をする──100
第7節　問題を解決する──104
第8節　意思を決める──108
第9節　計画を立てる──112
第10節　仕組みを話し合う──118
第11節　未来志向で話し合う──122
第12節　ブレイクスルー式で話し合う──126
第13節　悪循環となる話し合いの切り抜け方──130
第14節　苦情・クレーム対応を話し合う──134

第5章　サービス担当者会議に参加する

第1節　新規ケースのサービス担当者会議──140
第2節　更新時・区分変更時のサービス担当者会議──144
第3節　福祉用具・住宅改修のサービス担当者会議──148
第4節　退院後・退所後のサービス担当者会議──152
第5節　「引き継ぎ」に伴うサービス担当者会議──156
第6節　相談支援専門員の会議──160

第6章　地域包括ケアにかかわる会議に参加する

第1節　病院の入院時会議──166
第2節　病院の退院時会議──168
第3節　施設の入所・退所会議──170
第4節　地域ケア会議──172
第5節　定例ミーティングとケースカンファレンス──174
第6節　多職種連携会議──176
第7節　地域の会議　町内会、地域団体、職能団体等──178
第8節　ボランティア会議──180

●会議力向上ワークシート集──183

COLUMN　発言の仕方〜「わかりやすく」発言する〜──76
　　　　　ご家族の呼び方　〜息子さん・娘さん・家族さん〜──164

第1章 会議の役割

1 理解する〜認識を一致させる〜
2 共感する〜わかちあえる〜
3 折り合う・すり合わせる〜交渉と調整〜
4 納得する〜尊重、合意、一致〜
5 分担する〜役割・業務、責任とリスク、時間・予算・人手〜

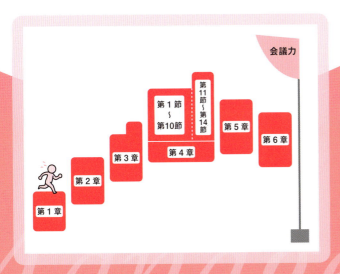

第1節 理解する
認識を一致させる

会議で肝心なことは、発言の内容や話し合いの中身が誰にとっても「理解できる（わかる）」ことです。参加者が「何かしっくりこない」「言っている意味の理解に苦しむ」と思ってしまったら話し合いは成立しません。

会議で大切なのは参加者が「理解できる」話し合いをすることなのです。

1 「理解できる」とはどういうことか

賛成・反対を表明するにも、話し合いの内容が理解できなければ意見を述べることはできません。それぞれの視点から発言される内容を聞き手が理解することで会場の**認識の一致**が図れます。

認識の一致

私たちは「知ること」と「理解すること」を同じに考えがちですが、全く異なります。「知る」とは英語の「know」であり、どれだけ知っているか、その量が重要になってきます。「理解する」とは英語では「understand」と訳されます。意味・内容を飲み込む・分析・解釈する行為であり、量でなく質が重要になってきます。理解できたということは、説明できるということでもあります。

会議には、さまざまな立場・年齢・考え方・専門性の人が参加しており、誰もが話し手であり聞き手です。そこで重要になってくるのは**目線合わせ**です。理解には3つの要素があります。

目線合わせ

2 理解のための3つの要素

1）話し合われている用語がわかる

疾患名

会議で交わされる専門用語の分野には介護、看護、医療（**疾患名**含む）、相談援助や地域援助技術などがあり、さらに生活習慣や地元の習俗にかかわる用語、生活史や文化史（歴史的事件、流行歌、流行語など）にかかわる用語までさまざまあるため、わかりにくい用語も多く出てきます。

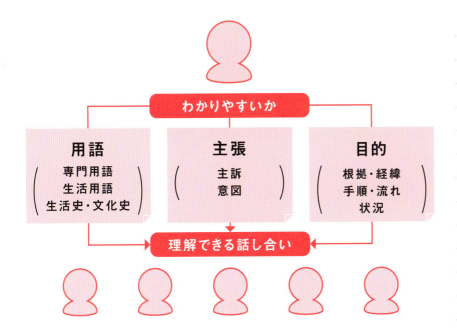

わかりにくいことをそのままにすると疑問ばかりが積み重なり、よくわからない・参加しづらい雰囲気をつくることになります。わかりにくいと思ったら、発言者にすかさず説明をしてもらう、言い換えてもらう、何かエピソードをあげてもらうなどといったことを行います。

2) 主張（主訴、意図）がわかる

話し合いの流れで「何を言いたいのかわからない」発言をする人がいます。状況や経緯を長々と話す人は結論（主張）が後になってしまう話し方をしがちです。また問題の指摘や懸念材料ばかりを話し、「ではどうすればよいか」という提案や意見を話さない人がいます。

情報の共有や認識の一致の段階から一歩進んで対応策を話し合う段階では、主張（主訴、意図）を明確にしない発言ばかりだと話し合いは深まりません。参加者として発言する場合は、「私（I）は〜〜と考えます」と明確なIメッセージで話すようにしましょう。

3) 発言の目的がわかる

発言の目的（根拠・経緯・手順・流れ・状況）を前置きせずにいきなり話し始める人がいます。進行役はすばやく察知して、発言の目的を話すようにうながします。その目的に合った内容になっているか、チェックをしながら聞き取るようにします。内容が不十分であれば追加の説明をうながします。横道にそれたり余計な情報を詰め込んだ発言なら、話を整理して「○○○と理解すればよろしいでしょうか？」と要約して全員の理解が進むように配慮します。進行役（発言者含む）は全員の理解を基本軸に聞き取る（発言する）ようにしましょう。

---

1 会議の役割

疑問

言い換え
エピソード

Iメッセージ

全員の理解

第2節 共感する
わかちあえる

会議にはさまざまな立場の人が集まる会議もあれば、同じ法人などの組織の人が集まる会議もあります。そこには微妙な人間関係や肩書・立場の違いから**関係のバランス**が生まれます。

- 肩書、立場、年齢、職種……上下のバランス
- 組織、地域、仕事、ビジネス……利害のバランス

さらに顔見知りの人が少ない、おたがいが初対面、地域の有名人・オエライ人が多い、といった場合、会議の場は「ギクシャクしたムード」から始まることになります。そのような場合、早めに**共感的な雰囲気**にしないとなごやかに話し合いを進めることができません。

1 「共感する」とはどういうことか

「共感」とは「**感情の分かち合い**」です。会議は顔を合わせた話し合いの場ですから、「感情の分かち合い」が可能です。話し合いの内容を「理解する」レベルだけでなく、「納得する」レベルにまで上げることができます。

私たちは相手の言葉や主張だけを知りたいわけではありません。話し手の葛藤や悩み、喜び、苦労や不全感、やるせなさなどを目と耳で読み取りながら全体的に聞いています。感情は、表情と声の音色と身振り・姿勢にあらわれます。話し手も聞き手の表情やうなずき、動作などから**共感レベル**を測っているのです。

2 共感をつくるための３つの要素

1）場をなごませる（同感づくり）

会議はできるだけ**なごんだ雰囲気**で始めたいものです。しかし参加者はそれぞれの業務や用事の合間に出席するのですから、どうしても「前の空

共感の3つの要素

1 場をなごませる（同感づくり）

2 場を集中させる（違いの発見）

3 場を再現する（イメージ化、見える化）

気」をそのまま持ち込んできます。

　メリハリをつける意味でも、会議のはじめに、ねぎらいの言葉をかける、無難なテーマである気候にふれる、最近の地元ネタやニュースの話題にふれるなどして同感づくりを行いましょう。

　　例：「今日はすごい雨でしたが、濡れませんでしたか？」
　　　　「○○地区で訪問販売のサギが増えています」

2）場を集中させる（違いの発見）

　共感づくりで注意したいことは、それぞれの「感じ方」の違いを認識すること。そして「おたがいを尊重すること」です。ある困りごとがさほど気にならない人もいれば、とても深刻に受け止めている人もいます。大切なのはその感じ方を当事者や現場の言葉で語ってもらうことで、そうすることでより「実感に近い」感覚で受け止めることができます。その語り口や内容から時として意外性を含むものも多いものです。違い（個別性）の発見（気づき）で話し合いに集中力を生み出すことができます。

3）場を再現する（イメージ化、見える化）

　共感とは疑似体験に近い感覚の1つであり、聞き手は自己の経験に沿わせて聞くので「自己投影型共感」ともいえます。

　話し手は自分が抱いた感情を直接的に話すのではなく、その対象となったケースの概要、そのときの自分の状況や事情、自分の思い（感情）、背景などを具体的に話しましょう。そうすることで、聞き手がその体験をイメージできます。また、必要に応じて写真や動画などを使って見える化することで共感のレベルは高まります。

第3節 折り合う・すり合わせる
交渉と調整

　いかなる会議も誰もが和気あいあいの気分で参加しているわけではありません。サービス担当者会議を例にとりましょう。親子やきょうだいといえど仲睦まじいだけでなく、長きにわたった今もぬぐえぬ恨みや妬みの感情、確執が横たわっていることがあります。ケアプランに位置づけても、サービス事業所や医療機関、近所・近隣にもできることとできないことがあります。

　法人の会議でも部門間の確執や責任のたらい回しで、会議での発言が少なく話し合いが頓挫することもあります。しかし、会議を開かず一方的な指示・命令だけでチームがスムーズに動くはずがありません。

意思決定　会議の目的（第2章第1節参照）に「意思決定」があります。そこに至るまでには粘り強い「折り合いをつける・すり合わせる話し合い」（協議）があります。関係者がおたがいに顔を合わせ「交渉・調整」作業を行うのが会議なのです。

1　「折り合う・すり合わせる」とはどういうことか

たたき台　会議の話し合いを効率的に進めるためにたたき台となる原案があるととても便利です。それを出席者の分析や評価、疑問や提案でもみながら、「現実的な方針や計画」に練り上げていきます。

　ここでわきまえておかなくてはならないのは出席者ごとに「異なる考え」「利害（損得）」があるということです。話し合いが「一致する」のは、ある条件や前提のもとで双方が「折り合う・すり合わせる」（歩み寄る）行為を行っているからです。そこでは「Win-Win」もあれば「痛み分け」もあります。進行役は話し合いのなかで所属・立場・専門性や個人の考え方の「違い」だけでなく「共通点」をオープンにした後、それぞれに尊重すべき点や守るべきラインを明らかにし、折り合う・すり合わせる話し合いを粘り強く進めます。

利害（損得）
歩み寄る

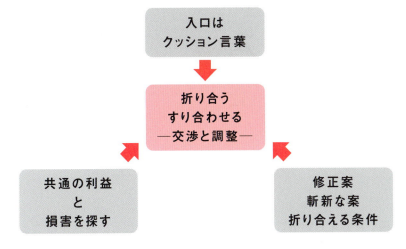

2 折り合う・すり合わせるための3つの要素

1）話し合いの「入口」にクッション言葉を使う

　話し合いで出される意見や提案は、おたがいに方向性（ベクトル）が近いものから平行線のもの、真逆のベクトルもあります。それを1つにまとめていく作業が「折り合い・すり合わせ」です。折り合い・すり合わせを行うために話し合いの前に「入口」をつくることが有効です。そのためには、まず、話の切り出しにクッション言葉を使うとよいでしょう。

　例：「皆さんそれぞれのお考えもあると思いますが、一致できる方向性
　　　（役割、業務）について話し合いを進めていきたいと思います」

2）共通の利益と損害を探す

　折り合い・すり合わせがつかない話し合いは発言者が「自分の利益（損害）」に執着しているときに起こりがちです。進行役は「共通の利益（損害）」を見つけ、折り合う・すり合わせることで生まれるメリットを示しましょう。同様に、取り組まないことによるデメリットを浮き彫りにするのもよいでしょう。決して焦らず次回に持ち越す対応も必要です。

3）修正案、斬新な案、折り合える・すり合わせられる条件を出し合う

　たたき台はあくまで第1次案です。着地点、方向性、プロセス（やり方）、時間・時期、予算、人員、役割分担など、なぜ折り合えない・すり合わせられないのかを絞り込み、必要に応じて修正案か斬新な案を提案してもらいます。この話し合いの過程でそもそもの組織やケアチームの問題点があぶり出されることがありますが、今後の課題として話し合う機会を設けるなどしてぶれないことです。また、どのような条件が整えば折り合えるのか・すり合わせられるのかを具体的に示してもらうことで突破口となることもあります。

第4節 納得する
尊重、合意、一致

会議で目指したいのは、「知ること、理解すること、共感すること」の次の段階である「納得する」ことです。納得とは「腹に**ストンと落ちる**感覚」といわれ、物事の説明や決まりごとを深く理解するだけでなく、心から「同意」ができる状態のことをいいます。

実は納得してもらうために説得するのがよいと思われがちですが、それは逆効果です。説得とは一方的な正論を理詰めで説明することになるので、**押しつけ感**が強くなり反感を抱かれてしまいがちです。さらに話し合いでは集団による**同調圧力**が働くことが往々にしてあり、話し合いといいながらあらかじめ決めた方向や結論に誘導したり、懇願による押し切り、多数派・立場が上という無言のプレッシャーなどが生じることもあります。

これらはいずれも「納得感」を阻害し、結果的に一体感のない話し合いをつくってしまうことになります。

1　「納得する」とはどういうことか

知る・理解する段階は知識や事実が具体的・論理的に説明されることが重視されます。ところが、それらがどれほど上手に行われても、私たちには「腑に落ちない」場合があります。それは心（感情）の部分が埋まらないために起こるのです。一方、論理的に説明することが苦手な人でも聴き手の心（感情）が動いて同意（納得）を得る瞬間もあります。

このように納得感とはあいまいな感情なのですが、顔の見える関係（会議）でこそ生まれることを忘れてはいけません。

2　納得のための3つの要素

1）違いを尊重する

正論が嫌われるのは、1つの考え方しかないかのような話し方をするか

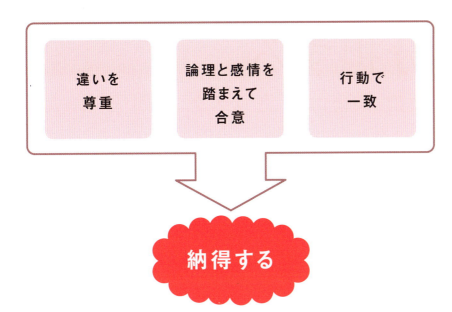

らです。出席者の数だけ理解のレベルも意見も異なります。それぞれの違いを認め合い、それぞれを尊重し合うことで納得感をつくり出します。納得できない点は追加の説明や話し合いで補強することで、**納得に近づく**ことが可能となります。

2）論理と感情を踏まえて合意する

　事実・数値などの根拠（エビデンス）をいくら並べてもそれは論理的に説明しているにすぎません。それだけでは人は納得させられません。根拠を示すだけでなく、**付随する感情**（例：悲しみ、喜び、葛藤、嫉妬）をエピソードを交えて話すことで聞き手はイメージ化でき、納得感を生み出すことができます。

　逆に感情ばかりを強く打ち出しても根拠が示されなければ「どうしてそう思うのかわからない」ために合意は生まれません。

3）行動で一致する

　一方、いくら論理的に理解できても、立場が異なり出席者に何らかの葛藤やわだかまりがあれば「納得したくない」感情が生まれることがあります。そこで無理に納得感を抱いてもらうために説得をしてしまっては話し合いは振り出しに戻ってしまいます。しかし、納得はできなくても、ある条件を示すことで「合意する」ことはできます。

　最も合意しやすいのは考え方や意見、感情の一致でなく、**行動の一致**です。条件、環境は話し合いのなかで詰めていくことになります。そのプロセスは「折り合い・すり合わせをする話し合い」ときわめて親和性の高いものとなります。

第5節 分担する
役割・業務、責任とリスク、時間・予算・人手

意思決定
行動計画

　会議の目的の多くは「意思決定」と「行動計画を参加者で話し合う」ことにあります。決める作業は、多数決・折り合う・すり合わせる・責任者一任までさまざまです。しかし「行動計画」は十分に話し合って分担しなければコトは始まりません。

　もし、話し合いがなく分担が一方的に「割り当て」となったらどうでしょう。担当事業所（部門）や担当者のなかに反発（反感）や不満を生み出し、取り組みにかなりの支障が生まれることになります。

担える役割
できる業務

　居宅介護支援事業所はあらゆる関係者間とも公平・中立であり、サービス事業所や地域資源は対等な立場です。それぞれが担える役割とできる業務を話し合いのなかで整理します。

1 「分担する」とはどういうことか

　分担とは「仕事を分けて受け持つ（担う）」ことです。ケアマネジメントにおける具体的な領域と担当には次のものがあります。

・分担する領域：役割、業務、責任、リスク、時間、予算（資金）、人手など
・分担する担当：事業所、部門、担当者、担当チームなど

　これらを効率的に決めるには「分担表」が効果的です。予想される役割や業務をリストアップし、適切な業務サイズに設定し、分担できる事業所・チーム・担当者に割り振っていきます。割り振る際の決め方は、制度上決められている以外には、

適材適所
自己申告
他者推薦

適材適所（専門性、適任）、自己申告（立候補）、他者推薦などで決めます。

　担当が決まれば業務の効率化と標準化のためのルールづくり（仕組みづくり）を話し合います。大枠だけを全体で話し合い、詳細は各担当部門別に協議してもらい後日に報告してもらう流れでもよいでしょう。

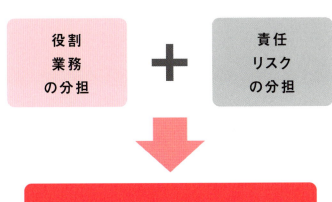

2　分担する３つの領域

１）役割と業務を分担する

　役割とは抽象的な役目です。業務とは具体的に取り組むことです。役割と業務を整理し具体化を行います。

　　例：役割……服薬管理
　　　　業務……お薬カレンダーのチェック、朝夕の電話による服薬確認など

２）責任とリスクを分担する

　役割と業務が整理されたら、それに伴うリスクを話し合い、その責任は誰が（どこが）担うのかを話し合います。このプロセスは責任とリスクの「共有化・分散化」です。トラブル発生を予測し、どのようなリスク因子があり、どうすれば最小限の被害で収まるか、対応方法をシミュレーションします。

３）時間、予算（資金）、人手を分担する

　次に部門（チーム）ごとに時間、予算（資金）、人手について数値化を行います。

　　・現状でできること
　　・改善（補強）すればできること
　　・がんばって目指すこと

　分担を話し合うときに注意すべきは「キツメ」ではなく「余裕をもって計画化」することです。丁寧に時間をかけるやり方と集中して取り組み予備日を設定するという２つのやり方があります。工程管理や進行管理にはガントチャート（p.66参照）などを使って「段取り」を項目別に見える化し、パッと見ただけでおおむね全体像をつかめるようにしておくことが大切です。

役目

取り組むこと

数値化

ガントチャート

第2章

会議を進める5つの要素

1 準備する
2 集める
3 話し合う
4 発言を引き出す
5 まとめる

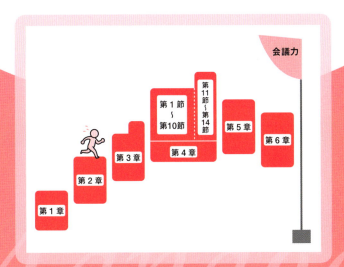

第1節 準備する

1 会議は段取り八分で決まる

ただ人が集まっても何かが決まるわけではありません。会議には目的があり、目的に合わせた準備があります。「仕事は**段取り（準備）八分**で決まる」といわれるように、いかに丁寧で緻密な準備をするのかで「会議の質」はおおいに違ってきます。事前の準備から当日の準備までを丁寧に行うことで「会議の本番」を不安なく迎えることができます。

> 段取り（準備）八分

2 会議の種類を整理し、目的別に準備する

1）会議には2つの種類がある

ケアマネジャーの会議には大きく2つの種類があります。皆さんが行っている会議（参加する場合も含む）の種類を準備の段階で整理しましょう。

①利用者（家族）のための会議（外部の会議）
　サービス担当者会議、入院退院会議、地域ケア会議など

②事業所、組織のための会議（内部の会議）
　事業所内カンファレンス、申し送り会議、テーマ別会議、引き継ぎ会議、リーダー会議、部門別会議（例：リスクマネジメント）など

2）会議の13の目的

大切なのは「なぜ会議を開くのか」（目的）です。関係者がわざわざ集まるべき目的が参加者や関係部門に伝わっていないと出席の意識も高まらず、代理や事後報告で済ますことが増えることになります。

▼会議の13の目的
①情報の共有、②認識の共有、③問題発見、④問題解決、⑤対立の解消、⑥調整・交渉、⑦思いの一致、⑧意思決定、⑨課題設定、⑩目標設定、⑪計画の具体化、⑫仕組み設定、⑬クレーム対応

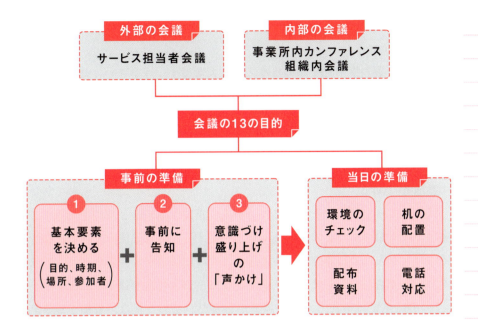

　そして、実際には1つの会議に複数の目的を含んだ開かれ方がされています。目的ごとに「内容・頻度・メンバー・時間・場所・進行」を事前に決めておきます。

③「事前の準備」で本番の会議をシミュレーションする

　どのような会議も下記の3つのステップで事前準備を行うことでトラブルを防ぎ、中身の濃い会議に導くことができます。外部の会議と内部の会議で告知時期や告知方法などは微妙に異なりますが、臨機応変に対応をしましょう。

ステップ1：会議の基本要素（目的、時期、場所、参加者）を決める

①目的（What）

　会議の13の目的をもとに、今回開く会議の内容を決めます。複数の目的を設定するなら、進行の順番やメンバーも考慮して決めます。定例会議は目的があいまいなまま惰性化してしまうこともあります。目的に応じて「短時間化、会議シナリオの修正、話し合い方法を工夫（例：ブレーンストーミング、KJ法（ともにp.47参照））」するのもよいでしょう。

②時期（When）

　日程は大切な要素です。集まりやすい時期と時間帯を選ぶのは基本ですが、それが勤務時間外や休日になると参加者の事情に配慮する必要も出てきます。誰の参加を優先するのかは1つの基準です。また、会場の事情によって日程に制約が生じることもあります。決めるにあたり、いくつかの

候補日を参加者から情報収集（アンケート）するのもよいでしょう。

③場所（Where）

　場所は会議の集中力を高めるうえでも大切です。うるさい、せまい、暑い・寒い、暗い、湿っぽいなどの環境はマイナスです。施設などでは会議室がないことも多く、食堂や休憩室で行うことがあります。しかし、それでは集中した話し合いはとてもできません。必要に応じて施設外に場所（例：公共施設や貸し会議室）を借りて行うことも検討します。

④参加者（Who）

　目的にあった参加者を決めます。個人を指定する場合と部門を指定する場合の2種類があります。会議で意思決定するなら意思決定できる権限を持った人を入れ、行動を計画するならばその関係者や実行責任者を入れます。人数は話し合いがまとまりやすい5人〜15人程度が適切でしょう。

　「今の時点では参加したいが調整が必要だ」という人は、参加予定者名のうしろに「（予定）」の文字を入れるようにしましょう。

ステップ2：事前に「告知」をする

　緊急の会議以外は、告知は1か月〜2か月前から行うのが理想的です。日程、場所、テーマなどを文書かメールで参加者に知らせます。関係者でなくても、会議を開いていることを知っておいてもらいたい場合は、組織向けにも告知することは大切なことです。

　特に、部門別に意見を集約して会議で発表し話し合いを行う方式をとるなら、リーダーだけでなくメンバーに知れわたるように告知をしましょう。

　なお、告知にあたり宿題を出すことはとても重要です。部門別の意見・アイデアの集約だけでなく、「○○の目標達成のために、3か月をかけるならどのようなリハビリテーションができるか」などのケア内容を現場であらかじめ検討し参加してもらうのもよいでしょう。事前の宿題を出すことで開催日を意識するだけでなく積極的な参加をうながすことができます。

ステップ3：意識づけと盛り上げのための「声かけ」をする

　会議日が近づく2週間〜1週間前には出席のうながしの声かけを行いましょう。その際、「○○の会議、出席をよろしくお願いします」という一般的な声かけだけでは効果はあまりありません。むしろ「忘れていると思われているのかな」と相手に誤解され気分を害されることもありますので、次のような声かけがよいでしょう。

- 参加者の顔ぶれ、参加者の期待の声
  「○○さんが参加されると聞いたAさんがとても期待されています」
- 新たにわかったトピック、話し合いたい内容
  「先日話されていた○○のエピソードをぜひ皆さんに発表してくださ

> **例：サービス担当者会議の準備**
> ■事前の準備
> ・利用者（家族）とケアチームの開催日時の調整
> ・ケアプラン原案の作成（2週間～3週間前）
> ・居宅介護支援事業所としての事前のケアプランチェック
> ・ケアチームへの原案の配布と協議の依頼
> ・サービス担当者会議の発言の準備の依頼（根回し）
> ・サービス担当者会議の出欠の確認
> ・進行のためのレジュメ等の準備
> ■当日の準備
> ・サービス担当者会議の会場の環境づくり
> ・ケアプラン説明のための準備
> ・座る位置を決めておく

い！」

参加が不確定な人や遅刻・早退が気がかりな人・部署には、数日前～前日には電話かメールを使い、参加の再確認を行います。

4 「当日の準備」は丁寧に

どのような会議も当日の事前準備に手抜きがあってはいけません。会議開始の20分前にはすべての準備を終え、15分前には参加者の一人ひとりを出迎えるスタンバイに入ります。やってきた人から「お忙しいところありがとうございます」と**感謝の言葉**を伝えます。余裕を持った対応が話し合いの雰囲気を和らげてくれます。

▼**環境のチェック**：部屋の広さ、におい、明るさ、うるささなどをチェック

▼**机の配置**：ロの字型、コの字型、三角形型、円卓型などに配置

人数と目的に応じて机の配置は工夫します。**座る位置**には上座・下座があり、どこに座るかの混乱を避けるためあらかじめ決めておきましょう。

▼**配布資料**：机上セッティング、各自が取る、進行ごとに配布など

机上セッティングと各自が取る場合はセットミスや取り忘れがあるので、開始時に確認を行います。進行ごとに配布するのは手間ですが話し合いにメリハリを与えるので効果的です。

▼**携帯電話、内線電話**：問い合わせ、呼び出し、緊急時の対応

施設内で会議を行うとき、現場からの問い合わせの電話でたびたび**中途退席**することがあると話し合いが中断し、会議に集中できないことがあります。内線電話の呼び出しや携帯電話の持ち込みを禁止すること、連絡は休憩時間に限ることなどを冒頭で伝えましょう。

第2節 集める

1 会議への「集め方」がその後に大きく影響する

　会議は話し合う段階でなく「集める段階」から始まっています。誰を集めるか、どの事業所・部門から集めるかが会議の中身や質を決めるだけでなく、会議後の行動（アクション）にまで大きく影響します。
　「あの人（事業所）が参加するなら」と出席を決める人もいます。まさに出席率や話し合いの質に影響するのがメンバー集めなのです。

2 「会議成功の3つの要因」から行うメンバー集め

　ただ頭数がそろっているだけでは、会議は成立していても「成功」しているとは限りません。会議を成功させる要因は3つあります。
　①**参加率が高い（欠席者が少ない）**
　②**活発な話し合いが交わされる**
　③**方針など具体的な計画が決まる**

> 顔ぶれ

　これらの3つの要因に大きく影響を与えるのがメンバーの<u>顔ぶれ</u>です。3つの要因ごとにメンバーの集め方の勘所を押さえておきましょう。

1）参加率を高めるための集め方

　スケジュール調整は最も頭の痛い作業です。早めの日程の調整など方法は色々ありますが、参加率を高めるテクニックの1つに、まずは「あの人が参加するなら出席します」となるような<u>影響力のある人の参加</u>を得る手

> 影響力のある人の参加

法があります。サービス担当者会議なら家族や主治医にあたるでしょう。組織内会議ならば、施設長や事務長、リーダークラスになります。
　参加したいが今の段階で不確定ならば「○○○○（予定）」と表記するだけでもインパクトはあります。また参加をさせたい人（事業所）が明確なら、どの人が参加すれば相手は参加するかをシミュレーションし、その人の参加の確約をとることも1つの方法です。

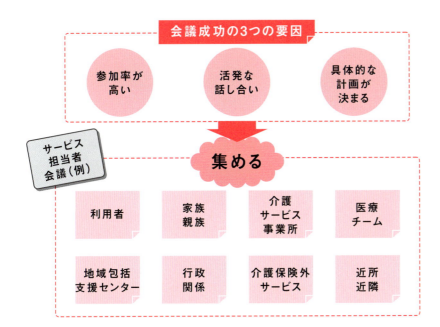

2）活発な話し合いが交わされるための集め方

　活発な話し合いは会議の盛り上がりには必要な要素です。しかし、いきなり意見を求められて話ができる人ばかりではありません。そういう人にはあらかじめ根回しを行い、発言の準備をしてもらっておくことが有効です。

　事業所や団体には、「△△に関して発言がいただける○○さんに出席をお願いできないでしょうか？」と指名するのもよいでしょう。

　ただし、準備すると長い発言になりがちの人もいるので、「発言は2分〜5分程度で」と時間を示して依頼しましょう。

3）方針など具体的な計画を決めるための集め方

　会議の目的の1つは方針や計画を具体的に決めることです。そのためには決定権を持っている人に参加してもらうことが大切です。いくら話し合いをしても事業所や部門に持ち帰りばかりされてしまうと、集まって話し合ったけれど何も決まらないといったことになります。

　なお、決めたい項目をあらかじめ示し、事業所や部門で意見をまとめてもらっておくと、効率的に話し合いを進めることができます。

3　対象別の「集め方」の工夫

　ケアマネジャーが主催する会議に参加を依頼する人にはさまざまな顔ぶれがあり、集め方には工夫が必要となります。例えば、サービス担当者会議の場合で考えてみましょう。

1）家族・親族

サービス担当者会議に家族の参加はとても重要です。主たる介護者が配偶者であっても子どもたちなどに連絡をとり、出席してもらうことで家族ぐるみのケア（ファミリーケア）が可能となります。

スケジュール調整は2か月前から始めましょう。リアルの参加ができなくても、手紙やメール、ビデオ動画などでの参加も工夫します。数年後はインターネットを使い<u>遠距離動画</u>で会議に参加することもあたりまえになるでしょう。

参加しやすい日程として土日がありますが、<u>介護休業制度</u>に積極的に取り組む職場に勤務しているなら平日の午前・午後に設定することも可能でしょう。

参加に際して、家族について以下のことを把握しておきます。

- 住所地、移動距離、移動手段、移動時間、移動にかかる費用など

2）介護サービス事業所

介護サービス事業所はサービス担当者会議に参加することが義務となっていますが、受け持ち件数が膨大なために、更新ケースのサービス担当者会議にすべて参加することはとても大変です。介護サービス事業所の出席率を上げるために次のことを把握しておきましょう。

- 比較的参加しやすい曜日と時間帯、スケジュール調整をするにはいつ頃連絡をすればよいか、<u>依頼文書</u>はいつ出せばよいか

3）医療チーム

医療チームの参加のポイントは、目的に合ったメンバーの選定と事前の告知です。欠席であっても、申し送りや文書による参加、事前に意見や指示をもらっておく、他の医療専門職による代弁などの工夫をしましょう。

参加が想定される医療専門職は次のものです。

- 主治医（医院所属の看護師含む）、専門医（眼科、皮膚科など）、歯科医（歯科衛生士含む）、かかりつけ薬剤師、管理栄養士、訪問看護師、理学療法士、作業療法士、言語聴覚士など

  ※なお、柔道整復師やマッサージ師などを含む場合もある

4）行政関係者・地域包括支援センター

支援困難ケースなどのサービス担当者会議では、行政関係者や、地域包括支援センターの主任介護支援専門員、社会福祉士、保健師の3専門職などに参加を依頼することもよいでしょう。

事前に日程と目的がわかればスケジュール調整は比較的可能です。その場合は参加者の顔ぶれや進行を相談しましょう。ケースの困難度によっては地域ケア会議で取り上げてもらうことも相談しましょう。

5）介護保険外サービス

　介護保険外サービス（例：配食、家事代行、外出支援、買物支援、旅行支援）を利用するケースも増えてきています。「本人らしさを支える」スタンスでケアマネジメントを進めるなら、保険外サービスを担う人にも会議への参加を依頼することも今後は増えていくことになります。

6）地域・近隣のコミュニティ、仲間・知人、なじみの店など

　日中・夜間の見守りや認知症徘徊の見守りでは地域・近隣の支え合いは大切な連携すべき資源です。町内会や自治会のような地域のつながりだけでなく、なじみの店やなじみのサークルなどを把握し、本人支援に必要と判断し参加してもらうことは重要です。ただし**プライバシーに配慮**し、はじめからサービス担当者会議に参加してもらうのではなく、部分的（例：近隣見守りの話し合い；20分間）に参加してもらうようにします。

- 地域のコミュニティ：町内会、自治会、区会、老人会、婦人会など
- 地元の仲間・知人：サークル仲間、仕事仲間、飲み仲間、おしゃべり仲間など
- なじみの店：スーパー、コンビニ、薬局、喫茶店、カラオケ、飲食店など

※所属法人の会議など

　所属法人内のケアマネジャーなどの会議を開く場合は組織全体のスケジュールに配慮した招集を行います。案内文書の告知も上司に相談し同意をもらうなど組織的な動きが必要となることもあります。掲示板にお知らせポスターを貼る、**法人内の同報メール**で告知するなどの工夫をしましょう。

4　欠席への対応

　会議開催の告知をしても、他の会議とのダブルブッキングなどで欠席する人は必ずいます。また、事業所の事情で数日前〜当日の欠席連絡が生じることも想定されます。その際には決してあわてず、**欠席する理由**を聞き、次にあげる対応策を話し合いましょう。

- **代理参加**が可能かを確認する
- 意見・報告をどのように反映するかを決める（例：申し送りを受ける、文書を代読する）
- 決定する際の権限の委任を受ける
- 会議内容の伝達をどのようにするかを決める（例：申し送りをする、議事録などで伝える）

　欠席者がいると出席者の心に「なぜ？」という疑問符が生まれ、雰囲気を壊す要因になります。**欠席の事情**と対応は冒頭で伝えます。

第3節 話し合う

1 話し合いを「おしゃべり」の場としない

集まった人が勝手気ままに話すことは**おしゃべり**であり、話し合いではありません。進行役（ファシリテーター）がテーマと段取りを示し、それに添って参加者が手持ちの情報を出し、疑問や分析、提案の意見を交わしながら進めていくプロセスそのものが「話し合い」です。

話し合いの基本法則と技術を学ぶことで誰もが**会議上手**を目指せます。

2 話し合いの「5つの基本」で会議上手を目指す

会議嫌いの理由に「進行が苦手、発言が苦手、まとめることが苦手」の3つをあげる人が圧倒的です。会議は技術です。自己流でなく次の5つの基本を身につけましょう。

① はじまりの基本　　　② 自己紹介の基本
③ 話し合いの流れの基本　④ 時間配分と構成の基本
⑤ 小道具の基本

1）はじまりの基本

会議のはじまりの基本は「予定時刻に始める」ことです。遅刻する人を待っていると先に集まっている出席者のモチベーションにも影響します。開始時間になったら始めることをルールとして決め、遅れる人は事前に申し出てもらうようにします。

▼集まってもらったことへのねぎらいと感謝の言葉を述べる
　「お忙しいところ◯◯の会議に集まっていただきありがとうございます」

▼次に会議の目的を確認することで出席者の意識の向上を図る。箇条書きで項目別に話すと頭で整理されやすくなる
　「では本日の会議の目的を確認いたします。第1に〜〜、第2に〜〜」

（サイドノート: おしゃべり／会議上手）

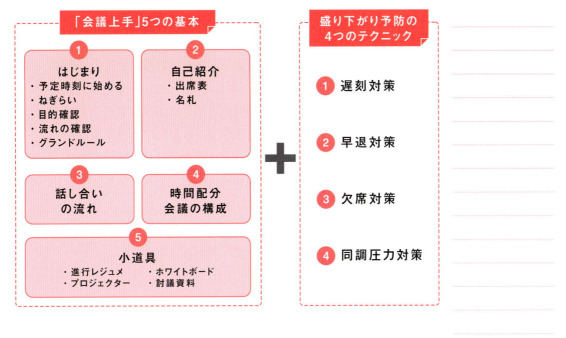

▼会議の全体の流れの確認は、手元にレジュメを用意する

「会議の時間は90分間を予定しております。まず、はじめに〜〜」

▼グランドルールを示すことで全体の合意をつくる

「中身の濃い会議にしたいと思いますので、進行役から３つのお願いがあります。１つ目は〜〜、２つ目は〜〜、３つ目は〜〜」

※全員が発言する、発言時間は１分〜２分、質問する際は理由を述べる、などが一般的にいわれることです。

２）自己紹介の基本

初顔合わせの会議では自己紹介は大切です。「事業所（所属）、肩書（立場）、氏名」の順序で行ってもらいます。事前に出席表や名札を用意しておくのもよいでしょう。なお、十分顔見知りならば近況報告などを自己紹介がわりに行ってもらうと雰囲気がなごむ効果が期待できます。

３）話し合いの流れの基本

目的を示していきなり意見を求めても誰も発言できません。出席者が十分知っている内容であっても頭の整理と認識の一致を図るために次の段取りを踏んで進めるようにします。

- 話し合う目的の提示
- 議題の説明（状況、原因、経緯、問題点、取り上げた理由など）
- 質問と回答
- 話し合い（分析、推測、予知予見、予後予測、アイデア、提案など）
- 結論（方向性、課題・目標、期間、担当、頻度、費用など）

4）時間配分と構成の基本

　会議時間枠は1時間前後〜2時間以内を目安とします。それを超えると集中力が落ちる、参加時間の確保が難しいなどの支障が生まれます。

[小分け] 　次に、1テーマごとに時間配分（例：15分〜30分程度）で**小分け**しておけば、全体でどれほどのテーマが話し合えるか予測が立ちます。

[参画意識] 　話し合うテーマを絞り込むだけでなく、告知の段階で「話し合ってもらいたいテーマ」を事前に受け付けている旨を示し、あがってきたテーマを意識的に盛り込むことで**参画意識**を醸成することができます。

　なお、時間の構成は、3分〜10分程度で済む「連絡・報告」は会議のはじめにもってくるようにします。会議の終了間際はバタバタして出席者はほとんど聞いていない状態となりがちだからです。

5）小道具の基本

[小道具] 　会議を効率的に進めるには**小道具**がとても役に立ってくれます。

[脱線の予防] ▼**進行レジュメ**：話し合いのスケジュールを示すことができる（**脱線の予防**、時間内の集中した話し合い、ダラダラした話し合いの予防）。

[見える化] ▼**ホワイトボード**：話し合いを**見える化**することができる。また、出席者の目線と意識を1つにまとめることができる。

▼**プロジェクター**：配布資料の視覚化とともに写真や動画などの再生ができ、よりビジュアルな情報をもとに話し合いができる。

▼**討議資料**：話し合いの材料となる情報を文字やグラフ、数値などにまとめる。

３　話し合いの盛り下がりを防ぐ「4つのテクニック」

[イレギュラー] 　話し合いには**イレギュラー**がたびたび起こります。そのたびに進行役があわてていては話し合いは迷走し不全感を残したまま終わることになります。イレギュラーやトラブルを事前に想定し準備をしておくことでマイナスの影響を最小限にとどめることができます。

1）遅刻してきた人には「話し合いの経緯」を簡単に説明する

　遅刻して参加する人をどのように迎えるのか、これは進行役にとって頭の痛いテーマの1つです。申し訳ない気分の人もいれば、「こんなに忙しいのに時間をやりくりして来た」と気ぜわしいままの態度の人もいます。いずれであっても、話し合いの空気に影響するので、あわてずに次のように言葉をかけましょう。

・「忙しいのにご苦労様です」とねぎらいの言葉をかける
・「今、どのような話を行っているのか」を簡単に説明する

> **例：サービス担当者会議での話し合い7つのポイント**
> ①自己紹介は全員が行い、簡単なエピソードを盛り込んでもらう
> ②利用者（家族）から事前に意向や不安を聴き取り「自分の言葉」で話してもらえるように一緒に準備をする
> ③欠席する家族からは「伝言」をもらい代読・紹介する
> ④サービス事業所には発言内容を「根回し」しておく
> ⑤進行にはレジュメを用意しておく
> ⑥話し合いを「連絡・確認・調整の時間」、「協議の時間」、「まとめの時間」に構成しておく
> ⑦話し合いの見える化のために写真やイラストなどの工夫を凝らす

　この2つ目の説明がないと話し合いの展開がわからないため、本人のモチベーションは低いままです。そしてやたら質問攻めするか終わった話の蒸し返しをされ、話し合いが堂々めぐりする危険が高まります。

2）早退する人には、「感想、意見」をひと言もらう

　会議では早退する人もいます。発言が多い・少ないにかかわらず、早退すると空席が目立ち空虚感が漂います。進行役として雰囲気を盛り下げないために最後に発言をうながす言葉をかけましょう。

　　例：「退席される前に、今、話し合っている内容に関して感想か意見を
　　　　ひと言いただけますか」

　発言が終わったら「では、今日決まったことは数日中に議事録を送ります」と全員の前で伝えることで全体のチーム意識を醸成します。

3）欠席する人には「代弁・代読・委任」で対応

　会議に欠席する人はいます。困るのは、テーマによっては欠席する人の意見を聞かなくては決められないということがたびたび起こることです。その事態を予測し、進行役として欠席者に次のことを行っておきます。

・事前に質問、意見、提案、分担などを聞き取り、会議で代弁する
・文章の提出が可能なら用意をしてもらい会議で代読する
・決めごとについては権限を進行役か出席者に委任してもらう

　特に3つ目は何かを決めるときには重要なので必ず行っておきます。

4）同調圧力には「少数意見の尊重」で対応

　「同調圧力」とは、決めごとをするときに少数意見の人に多数意見の人たちが無言の圧力をかけることをいいます。上司や立場が上の人、声が大きい人、もめると面倒な人がかけることもあります。少数意見を尊重するために、基本理念や原理原則に沿った問いかけが効果的です。

・利用者本位、自立支援、本人らしさの尊重、法人・事業所の理念など

第4節 発言を引き出す

1 よい発言がよい話し合いへとつながる

　進行役の一番の関心事であり心配の種が話し合いの盛り上がりといわれます。理想は、さまざまな視点から発言が交わされ、次第に話し合いの焦点が絞られ、やがて認識が一致し、新しい方向性に話し合いが前向きにまとまっていくというイメージでしょう。

　しかし、介護・福祉関係の会議は同調圧力が比較的働きやすく、なかなか発言が活発に行われない傾向があります。どのようにしたら個性的で前向きな発言を引き出すことができるのでしょうか。

2 発言を引き出す6つの角度

　発言がない会議ほどさみしく痛々しいものはありません。実はなんとか発言を引き出そうとする進行役が平気で**失敗のフレーズ**を言っているのも原因の1つです。

　「皆さん、何かありませんか？」

　これほど抽象的でやる気を失わせるフレーズはありません。何でもいいので話したい人はいませんか、と乱暴に振っているのと同じです。さらに指名ばかりをする、順番に発言してもらう、などを続けてやってしまうと「わかりません」「特にありません」「○○さんと同じです」の回答しか得られないシーンが続出する羽目になります。

　発言は強要するものではありません。つい「発言したくなる」「自分の考えを聞いてもらいたくなる」状況をいかにつくるかがポイントです。そのためには、進行役自らが発言一つひとつに興味を持って聞く姿勢を示すのがポイントとなってきます。

　それでは、次の6つの角度から、よい発言を引き出すためのポイントを紹介しましょう。

失敗のフレーズ

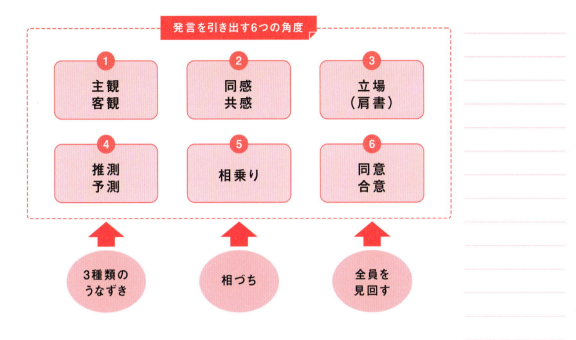

①主観と客観で引き出す　②同感と共感で引き出す
③立場（肩書）で引き出す　④推測と予測で引き出す
⑤相乗りで引き出す　　　　⑥同意と合意で引き出す

1）主観と客観で引き出す

　発言するときに「正しいことを言わなくてはいけない」という心理的ブレーキがかかりがちです。実は多くの人は内容を整理してから話すのではなく、話しながら内容をまとめていく話し方をしているので、主観と客観が混ざった話し方になりがちです。進行役が本人なりの思い・考え（主観）と、客観的な事実・状況・根拠（客観）を整理して引き出します。

- ご自分なりのお考えを話していただけますか？
- お手持ちの情報や事実、状況を話していただけますか？

2）同感と共感で引き出す

　考えはまとまらなくても「受けた印象（感覚）」はそれなりに話せるものです。その代表格が「同感と共感」です。

- 同感：その時、○○さんはどのように感じましたか？
- 共感：今の○○さんの話を聞かれてどのように感じましたか？

3）立場（肩書）で引き出す

　私たちは「立場」が異なればかなり違った印象や感想、考え方を抱いているものです。話し合いで大切なのは多様な視点です。多様な立場からの発言は話し合いを深め、新たな気づきを生むきっかけとなります。

- 公的専門職の立場：専門職、組織人、肩書きなど
  　○○さんは社会福祉士としてどのように分析されますか？

・プライベートな立場：父親・母親、祖父・祖母、子ども、きょうだい、夫・妻、叔父・叔母など
○○さんは長男の立場として、このAさんの言動はBさんにどのように響いたと思われますか？

4）推測と予測で引き出す

多様な見立て問いかけ

話し合いでは「正しさ」を求めるより多様な見立てを引き出すことが大切です。それには発言に視点を与える問いかけがとても効果的です。「どう思いますか？」の質問ではあまりに抽象的といえます。特に過去と現状については推測で話してもらい、将来については予測で話してもらうようにします。

・推測：○○さんの言動からどのようなことを推測されますか？
・予測：○○の状態をこのまま続けると半年後はどうなっていると予測されますか？

5）相乗りで引き出す

会議では話の流れに「切り込むような発言」をする人と、「流れに添った発言」が得意な人がいます。

切り込み型の話し方をする人はいい意味で雰囲気を変え、新しい視点を与える発言をしてくれます。一方、流れに添った発言をするタイプの人は**相乗り型**の引き出し手法を使うととても発言しやすくなります。この手法は1つの発言から多様な視点や解釈を広げ、意見や提案をまとめあげる流れをつくることができるので、結論に導くには有効な手法ともいえます。

相乗り型

・相乗り：今、発言された○○さんの考えについてどう思われますか？
　　　　：○○さんの発言を現場で実践するなら、どのような取り組みが想定できるでしょうか？

6）同意と合意で引き出す

発言を引き出す方法の1つに「同意する、しない、まだ判断がつかない」を全体質問し、挙手してもらうという方法があります。

・同意：皆さんはどの点が同意できるでしょうか？

次にそれぞれの理由・根拠を述べてもらい、それぞれの立場から反対の立場への感想や反論を話してもらう展開方法があります。

続いて「どういう条件がそろえばよいか」を全体に投げかけ、合意点を深める話し合いに移ります。条件には「時期、期限、期間、人手、体制、ルール、予算、情報、環境」などを示し合意点を探ります。

合意点

・合意：皆さんとしてはどういう条件がそろえば合意できるでしょうか？

> **例：地域ケア会議での発言の引き出し方7つのポイント**
> ①ケースの説明後、主観的な思いを語ってもらう
> ②同感できる・できない、共感できる・できないことを話し合う
> ③専門職や立場からの見立てと手立てを話し合う
> ④現状の問題点と将来のリスクを話し合う
> ⑤1人の発言に相乗りして話し合いを練り上げていく
> ⑥思いでなく「行動で一致」できることを話し合う
> ⑦うなずきと相づちで共感的な話し合いの雰囲気をつくる

3 発言をさらに引き出すなるほど3つのテクニック

　発言を引き出すのは指名や質問だけではありません。むしろそれだけに頼ってしまうと危険です。なにより発言している人に肯定感が生まれ受容されている雰囲気をいかにつくるかがポイントです。進行役が率先して**大きなリアクション**を行いムードメーカーになりましょう。

1）3種類の「うなずき」で応える

　うなずきは「聞こえている、受け止めている、興味がある、共感している」という気持ちを話し手に伝える、最も使い勝手のよい**ボディアクション**です。3種類を上手に使い分けましょう。

- ・小さくうなずく：関心、興味を伝える
- ・はっきりとうなずく：理解、納得を伝える
- ・深くうなずく：共感、驚き、感動を伝える

2）相づちで「ねぎらい・共感・受容・驚き」の感情を示す

　発言している人にとって相づちは「ねぎらい・共感・受容・驚き」の**言葉のリアクション**です。その反応に話し手は自信を持ち、さらに安心感と受容感を与えられるので活発な発言をうながすことができます。

- ・ねぎらい：それは本当に大変でしたねぇ。
- ・共感、受容：そういうお気持ち、どの人もありますよねぇ。
- ・驚き：なるほど、そういう考え方（アイデア）はいいですねぇ！

3）聞き手全員の表情を見回す

　とかく話し手は進行役の顔色をうかがいながら話すので、**見つめあう状態**になりがちです。それをすると進行役と発言者が**1対1の関係**になり、ほかの出席者の反応を見ることができません。話のはじめに発言者と目を合わせたら、ほかの人の表情を見回すようにしましょう。そうすることで発言者も進行役でなくほかの出席者に向けて話す流れをつくることができます。

第5節 まとめる

1 会議をまとめる

　進行役で最も困るのが「まとめる」ことといわれます。漢字の「纏める」の語意は「バラバラのものをひとつのかたまりにすること」です。では、会議で色々な意見や提案について、発言が活発にあったとしたらどのようにまとめますか？「バラバラの意見ばかりのとき、まとめ方を誤ってしまったらどうしよう」と不安にかられてしまう人は意外に多く、この点を解決しないと進行役そのものが心理的負担としてのしかかってしまいます。

　話し合いのまとめ方にはすぐに取り組める6つの手法があります。

2 まとめ方の「6つの手法」

　話し合いがまとまらない原因には「話し合いの流れ」が決まっていないことがあげられます。意見なのか愚痴なのかがあいまいで、決まったかどうかもわからず話し合いが進み、終わったはずの話が蒸し返され、話し合いが整理されずに進むと、時間ばかりがかかって「何も決まらない」ことになりがちです。

　そのために次の6つの手法を使いましょう。

①たたき台をつくっておく　　②発言にタグづけをする
③一致点と相違点で整理する　　④メリットとデメリットで整理する
⑤小まとめを入れる　　⑥複数回で決める

1）たたき台をつくっておく

　原案もないところから話し合いをはじめるのはとても非効率的です。それが効果的なのは創造的な話し合いの場で行うブレーンストーミングや手持ちの情報や見立てを整理するKJ法くらいです。

　話し合いの流れも「たたき台」の原案があれば、それについての質問や

まとめ方「6つの手法」

1. たたき台をつくっておく
2. 発言にタグづけをする
3. 一致点と相違点で整理する
4. メリットとデメリットで整理する
5. 小まとめを入れる
6. 複数回で決める

＋

決まらないときのキラー・テクニック

1. 多数決
2. 条件づけ
3. 上位の会議に委ねる

修正、意見、提案、変更を具体的に行うことができるので、抽象的な言葉だけが飛び交う話し合い（空中戦）になりにくいのがよい点です。

その意味ではサービス担当者会議で話し合うケアプラン原案も「たたき台」といえます。

2）発言にタグづけをする

会議は思いつくままに発言されると、とてもまとめづらくなります。発言に**タグづけ**をすると話し合いが整理され、また、追加の**相乗り発言**をうながすことで話し合いに流れとまとまりをつくれます。

- 例：情報、質問、説明、問題、原因、分析、推測・予測、意見、提案など

    「今のご発言は、質問と解釈してよいでしょうか」

    「今のご意見は、問題提起と考えてよいでしょうか」

    「今のお話は、○○に関する提案ととらえてよいでしょうか」

3）一致点と相違点を整理する

発言する人によって、色々な言い回しがあり、なかには本音をはっきり言わずに聞き手に察してもらいたい「あいまいな表現」を意図的にする人がいます。発言した人たちの「言い方」をまとめるのではなく、発言の中身を聴き取り、一致点と相違点を整理することでまとめましょう。

- 一致点は何か
- 共通点は何か
- 相違点は何か
- どちらでもない点は何か

タグづけ

相乗り発言

4）メリットとデメリットで整理する

　一致点と相違点を整理することは、考え方や方針、行動指針などの整理にはとても効果的です。しかし行動計画のようなアクションを前提とした話し合いでは、むしろ「メリットとデメリット」で整理するほうが話し合いはまとまりやすくなります。また、メリットのなかにデメリットはないか、デメリットであってもリスクを折り込むことでメリットとできることはないか、などを問いかけ、話し合いをさらに深めましょう。

・時期、期間、課題、目標、内容、予算、エリア、役割、担い手など

5）小まとめを入れる

　話し合いがまとまらない典型は、話し合いの内容が大きくぶれ、一貫性がなくなったときです。「小まとめ」を場面ごとに使いこなし、話し合いに「まとまり」をつくることで効率的に進めることができます。

・5分～10分ごとに「小まとめ」を入れる
・話し合いの小テーマごとに「小まとめ」を入れる
・質問、意見、提案などの種類ごとに「小まとめ」を入れる

　小まとめは発言をただ並べるのではなく、発言のタグ別や、一致点と相違点、メリットとデメリットだけでなく納得がいく、すとんと腹に落ちるなどの「感覚」も大切にしましょう。

6）3回の話し合いで決める（まとめる）

　話し合いのテーマには組織の1年間～5年間の方向性や方針、計画を決めるという大がかりなものがあります。そのようなテーマをわずか1回の会議で決めるのはとても時間がかかるため現実的ではありません。できるなら3回～5回の会議に分けて行うとよいでしょう。

・1回目の会議：報告と提案……全体の説明のみ行う
・2回目～3回目の会議：協議……1回目で説明されたたたき台（案）の協議のみ行う（内容と重要度によって複数回行うこともある）
・3回目～5回目の会議：審議……**複数回の協議**を踏まえて決定するための会議。決定の方法を、全員一致方式、多数決方式、承認方式などのどれにするかは、組織の規模と内容によって異なってくる。

❸ 決まらないときこそ効果絶大の「キラー・テクニック」

　話し合いに時間をかけてもいつまでも平行線だったり、ある人・部門が納得しないために決まらない（まとまらない）状況になることがあります。特に**利害関係者**が集まる会議では往々にして起こります。一方的に押

> **例：イベントに関する話し合いの流れとまとめ方**
> ①イベントの原案の説明
> ②原案への質問と回答
> ③イベントの目的（趣旨）の協議
> ④イベントの内容と目的とのすり合わせおよび内容の協議
> ⑤イベント実行に関する計画（時期、期間、場所、予算、人手、協力体制、広報など）に関する協議
> ⑥イベント取り組みにおけるリスクの協議
> ⑦イベント取り組みにおける仕組み（特別チーム、規則、予算等）の協議
> ⑧決定事項の確認、持ち越し事案の確認

し切るような決め方は関係をゆがめるだけでなく実行段階でトラブルの種となることも想定されます。できるだけ納得のいく決め方「**キラー・テクニック**」をご紹介します。

1）「多数決」で決める（まとめる）

民主主義のルールには**多数派優先**の考え方があります。つまり、挙手をしてもらい多いほうで決める（まとめる）ということです。注意しなければいけないのは、少数派が誤りであるというわけではないことです。

多数派の意見に決まっても、進行役は引き続き**少数派**の意見に耳を傾け、必要に応じて修正・改善をすることを最後のまとめとして伝えます。

2）「条件を前提に」決める（まとめる）

まとまらないのは、「部分的に納得できない」からということがあります。総論賛成でも各論反対であると行動には移れません。このようなときは、どのような条件がそろえばまとまるのかをそれぞれに示し、一致点を探ります。すぐに一致点（**落としどころ**）が見つからないこともあるでしょう。まさにそのときこそ進行役が安易に決めずに粘り強く話し合うことをうながす役割を担います。

・条件の例：時間、時期、期間、人手、予算、立場、役割、エリアなど

なお、1回で決まらないときは「次回の会議に持ち越しましょう」と提案するのも建設的です。無理な決め方は将来のトラブルの種になります。

3）上位の会議の「承認」に委ねる

会議に集まったメンバーだけでは決めきれないことが起こることがあります。それは話し合うテーマの規模が大きく、予算や人手、期間にも大きく影響するため、組織のトップ陣営に決めてもらわざるを得ないときです。

そのときは「協議内容」をチームでまとめ、決定は上位の会議（例：経営会議）に委ねる（承認を求める）という方法をとります。この方式なら集ったメンバーは利害関係者ではなく「共同作業を行うチーム」となり、いかなる内容でも「チームのまとまり」をつくることができます。

第 3 章

会議力のみがき方

1 議題の設定
2 参加者の属性
3 環境づくり
4 進行役の作法
5 質問の仕方・聞き取り方
6 扱いにくい参加者への対応
7 進行の「困った」への対応
8 話し合いを「見える化」
9 ケース検討資料のつくり方・見せ方
10 議事録のつくり方

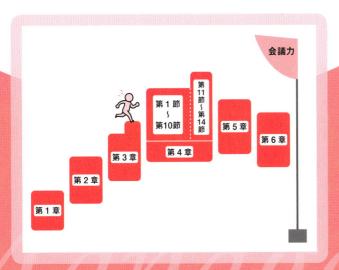

第1節 議題の設定

納得のいく議題

なぜ集まるのか。その根拠となるのが議題（何を話し合うか）です。「その議題なら参加して話し合わなくてはいけない」と思ってもらえるような納得のいく議題の設定が必要です。議題は1つの会議で複数設定されることがあります。設定した議題は議事次第等に記載します。

議題の内容によりますが、1つの議題にかける時間は、報告程度なら質疑応答も含めて5分～10分程度で済ませます。組織やチームの方向性や具体的なアクションを詳細に決める話し合いになると30分～60分程度かかることも覚悟しなければなりません。議題の設定は話し合いの時間を大きく左右します。抽象的でなく具体的で話し合いのイメージがつきやすい議題設定を心がけましょう。

1 5つの目的別にどのように議題設定すればよいか

チームの責任者は参加を決めるにあたり「会議の目的」を吟味します。目的に応じて該当者を検討し、参加の準備をしなければならないからです。これは定期的に開かれる会議でも同じです。

わかりやすい議題

話し合う時間は限られています。そのなかでどうしてその議題を話し合わなくてはいけないのかを案内状で説明することで参加の動機づけを行います。そのためわかりやすい議題設定が大切になってきます。

議題設定が「在宅支援について」などとあいまいな表現では何を行いたいのかわかりません。次の「5つの目的」ごとに議題設定をします。

① 共有（手持ちの情報や考え方を共有し認識を一致させる）
② 協議（方向性や計画の内容をチームとして話し合う）
③ 決定（ある事案が動き出すための決定をチームで行う）
④ 実行（実行するプロセスおよびシミュレーションを話し合う）
⑤ 評価（進行のチェック・振り返りの後の再調整・再交渉・再計画）

目的別の議題設定

- 共有：手持ち情報や考え方、認識
- 協議：方向性や計画の内容
- 決定：参加者への意識づけ　審議・採決
- 実行：プロセスシミュレーション
- 評価：進捗状況の把握と再調整

↑ 議題の確認　　↑ 議題を「小分け」　　↑ 議題を「見える化」

1）「共有」を目的にした議題設定の仕方

　会議のポイントは、はじめに参加者の認識の一致をさせることです。手持ちの情報や公的機関の情報、各事業所やケアチーム、各メンバーが持つ情報や考え方を共有することは大切な議題となります。

　実行について話し合う前の段階である「根拠・理由」（なぜ、それを行わなければいけないのか？）にあたります。

〈議題例〉
- ○○の疾患を持つ○○さんの在宅復帰にかかわる医療情報の共有
- ○○さんの見守り支援にかかわる地域・家族情報の共有
- ○○さんの利用者情報の共有と施設におけるケア情報の引き継ぎ

2）「協議」を目的にした議題設定の仕方

　根拠・理由を共有した次の段階は協議の話し合いです。取り組みの方向性や目標（ゴール）、それを目指す実行計画の内容をチームとして話し合います。どのような小さな話し合いでも公的な場です。そこでは「どのような立場で話し合うか」がポイントとなります。専門職や事業所の立場、本人・家族の立場、ケアチーム上や組織上の立場、支援者・個人としての立場などでの、話し合いのイメージが浮かぶ議題設定を心がけます。

〈議題例〉
- ○○の疾患を持つ○○さんの在宅生活の可能性とリスク予測
- ○○さんの冬場の在宅生活における医療・介護・地域・家族の連携
- ○○地区見守りネットワーク構築の計画と役割分担・予算について

認識の一致

情報の共有

引き継ぎ

公的な場

予測

連携

3）「決定」を目的にした議題設定の仕方

多くの会議では情報の共有・協議と合わせて決定・実行のための話し合いが行われます。しかし協議不足の持ち越し案件、複数回の協議が必要な重要な議題もあります。そのような場合には、あらかじめ「決定すること」を前提にした議題設定を示すことにより、参加者に審議・決定となる場と意識づけする効果を狙います。

なおいきなり採決を行うのではなく、これまでの話し合いの経緯を議事録などを使って振り返り、最終の協議として質問・意見・提案の有無を確認してから決定の話し合いに進みましょう。

〈議題例〉

- ○○の疾患を持つ○○さんの在宅復帰計画の**協議・決定の件**
- ○○施設の改修事業の予算および委託業者**決定の件**
- ○○事業所の組織改編と引き継ぎにかかる**業務の件**

4）「実行」を目的にした議題設定の仕方

実行を目的にした会議は実践的で熱気があふれる話し合いになります。実行するための話し合いというのは「計画化」のための話し合いということです。チームが協力して実行するプロセスおよびアクションをイメージできる**シミュレーション会議**と考えればよいでしょう。

そのため議題設定は「連携、支援」という抽象的な表記ではなく、「時期、期間、課題、目標、内容、予算、エリア、役割、担い手」などを意識した実践的な表記とします。

〈議題例〉

- ○○さんの住宅改修の時期・期間・予算および役割**分担の件**
- ○○さんの○月○日の退院にかかわる医療・介護チームの**支援分担**
- ○○さんの看取り支援のリスク対応と医療・介護・家族の**役割分担**

5）「評価」を目的にした議題設定の仕方

実行の後には進捗状況を把握し再調整するためのチェックをする会議が定期的に行われることになります。ケアマネジメントでは更新時のサービス担当者会議がこれにあたります。チームが集まり実行後の苦労や成果や課題など生の声を聞くことは、チームづくりと**再活性化**にはとても効果があります。これに要する時間は10分〜40分程度です。進捗状況のデータを参加者にわかりやすく説明するための資料づくりを工夫しましょう。

〈議題例〉

- ○○さんの１年経過後の在宅生活の振り返りと再ケアプランづくり
- ○○施設のリスクマネジメント計画の進捗状況と現状の問題点
- 昨年度の引き継ぎケースの状況把握と支援体制の検討

2 議題を進めるときの「3つの勘所」

　あらかじめ議題を決めておいても、そのとおりに進むわけではありません。参加者からの「議題の修正・補足・追加」の提案があればそれを無視するわけにはいかないからです。また、議題を細かく小分けにしなければ、抽象的な意見や提案ばかりが空中戦のように飛び交うばかりです。話し合いが横道にそれたり脱線すれば、元の流れに戻す必要があります。これらにスムーズに対応するには以下の工夫がとても便利です。

　議題を進めるときの「3つの勘所」を押さえて進めましょう。

1）議題の「修正・補足・追加」の提案がある場合：常に確認を行う

　話し合いに入る前に議題の確認を行います。

・「こちらの議題に関して修正・補足や追加があればお願いします」

　また、新たな議題を準備して参加している人もいます。

・「こちらの議題以外で追加の議題があればご提案をお願いします」

　常に参加者に了解をとって進めることで、進行上のトラブル（例：会議途中の議題の提案）を避けることができます。

2）抽象的な話し合いを避けたい場合：議題を「小分け」に整理する

　議題を大項目とするなら中項目・小項目に小分けした議題を示し順番に話し合うことで洩れのない話し合いを進めることができます。

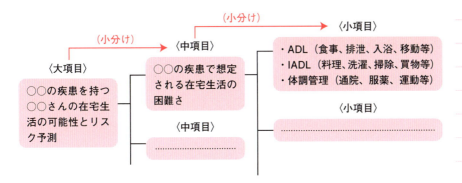

3）本題からそれてしまう場合：議題を「見える化」する

　会議では途中に議題にとらわれない（関係がない）、唐突な発言をする人がたまにいます。そのため話し合いが本題から横道にそれたり脱線することがあります。あわてて元に戻そうとすると、その人の気分を害することにもなります。脱線を避け、参加者の意識を集中させるためにホワイトボードを活用します。議題を並べる、議題の大項目、中項目、小項目ごとに出された意見を表記する、といったことで、ブレのない話し合いをつくりあげることができます。

第2節 参加者の属性

話し合いの主役はなんといっても参加者（出席者）です。

調整役
進行役　進行役はコーディネーター（**調整役**）でありファシリテーター（**進行役**）です。参加者の疑問・質問、意見・提案の「発言」に集中しているだけでは不十分です。参加者の傾聴の態度（例：うなずき、あいづち、うつむき、横向き）から表情（例：真剣、笑顔、共感、暗い、冷静、受容）、声質（例：高い、低い、強い、弱い、速い、遅い）などに着目しましょう。なぜなら、すべてが話し合い全体に影響するからです。

属性　参加者本人が持つ**属性**は、本人の性格や価値観、物事の考え方の癖だけでなく、本人の能力や置かれた立場、専門性、さらに年齢・世代・性別などが大きく影響します。進行役は属性が持つ特徴を理解しておきましょう。

1　6つの属性ごとの特徴を読み取る

「この出席者はどのようなタイプなのだろうか？」

効果的で効率的なファシリテーションをするためには、これら出席者の「属性（特徴）」を肩書や所属・立場だけでなく性格や価値観を含めて**感性のアンテナ**でキャッチします。そしてときには意図的な会議進行を行い、出席者の特徴や傾向が話し合いの場で「いい味わい、魅力」となるように進めましょう。

感性のアンテナ

①能力（発言力、洞察力、構築力、語彙力、現場感覚など）
②発言パターン（ポジティブ系・ネガティブ系など）
③立場（専門性、組織のポジション、家族関係）
④専門性（介護、福祉、看護、医療、リハビリテーションなど）
⑤世代（昭和10年代～平成10年代）
⑥性別（男性・女性）

1）「能力」から読み取る特徴

進行役は参加者の「能力」を把握し、話し合いの場でそれが適切に生か

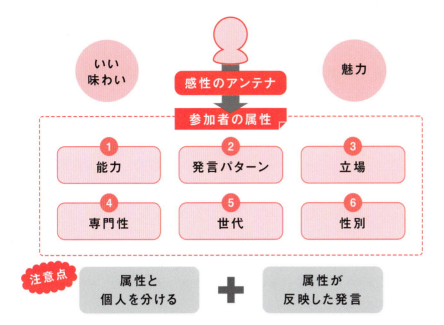

されるように心がけます。注意しなければならないのは能力の高さが「行き過ぎ」を生む要因になりやすいことです。そのときにはブレーキ役となり、逆に参加者の能力が低ければうながし役になるように調整しましょう。

〈能力〉
　・話がわかりやすい人：声が大きい、よく通る、滑舌がよい、理論的に話せる、単刀直入である、ムダがない、語彙が豊富、エピソードが多い
　・話がわかりにくい人：声が小さい、滑舌が悪い、話し方が遠回し、難解な言葉が多い、話し方が理詰め、主観的な話し方をする

2）「発言パターン」から読み取る特徴

　進行役をやっていると参加者にはいくつかのパターンがあることがわかります。その人のパターンを読み取れると、話の流れのなかで適切なコーディネートが行え、進行はとてもやりやすくなります。

〈発言のパターン〉
　・会議の先頭を切って発言をするタイプ
　・自ら挙手をして質問・発言をするタイプ
　・指名をされてようやくおもむろに発言をするタイプ
　・話し合いが盛り上がってきたら無難な発言でおさめるタイプ
　・ずっと発言をせずに沈黙しているタイプ

〈発言の質〉
　　発言にもポジティブ発言が多い人もいれば、ネガティブ発言ばかりする人もいます。さらに代弁的な発言、事務的な発言、予測・推測の発言があります。発言の質に配慮した指名をしましょう。

3）「立場」から読み取る特徴

参加者は何らかの「肩書」を背負って会議に参加しています。その肩書が持つ立場（例：家族間、事業所内、地域組織内）が発言の数やタイミング、内容に影響します。例えば、組織全体に責任を持つ人の発言は慎重に言葉を選んだものとなりがちです。また立場が上の人がいるとほかの参加者の発言は比較的控えめなものになりがちなので配慮が必要です。

「立場」で話された内容が否定的・慎重でも、**個人としての発言**ならば前向きな本音を話すということはよくあります。さまざまな立場から発言してもらうことで場に**共感のムード**をつくり出すことも狙ってみましょう。

〈うながす言い回し〉
- 「今、○○の立場で発言をいただきました。個人としてのお考えでよいので発言をお願いできますか」
- 「もし皆さんが長女さんの立場ならどのように受け止められますか？」

4）「専門性」から読み取る特徴

サービス担当者会議や地域ケア会議、カンファレンスなどの参加者は何らかの専門職ですから、発言も専門性のあるものです。しかし、聞き手が「専門職の代表」のような発言と受け取ってしまうと**理解に「歪み」**が生じます。必ず専門職一般の考え方と個人としての考え方の両方を引き出すように心がけましょう。

ケアマネジャーは介護系、ソーシャルワーク系、医療系、看護・リハビリ系の国家資格を基礎資格としています。話し合いを深めるために基礎資格の視点から発言を引き出すのもよいでしょう。

〈発言の引き出し方〉
- 「○○の専門職の方はこのケースをどのように考えられますか？」
- 「○○の専門職として○○さんなりにどのようにお考えですか？」

5）「世代」から読み取る特徴

参加者の年代は会議によってかなり幅があります。生活史や生活体験、福祉や介護への理解、家族関係のあり方、勤労する意味や子育てや介護の家族分担の考え方、地域コミュニティへの思いや経験などには、かなりの**世代間格差**があります。

話し合いを広げる・深めるときに、個人の考えばかりではなく、世代を認識させ、**世代としての発言**を求めることもやってみましょう。

〈世代別発言の引き出し方〉
- 「○○さんの世代なら55歳の長男の方の行動はどう理解されますか？」
- 「65歳の父親の□□な言動を30代の次男ならどう受け止めると思われ

ますか？」
・「78歳の○○さんの30代はほぼ40年前になりますが、当時はどのような働き方が一般的だったのでしょう？」

6）「性別」から読み取る特徴

　性別は私たちの人間関係のさまざまな場面に影響します。会議では女性は比較的コミュニケーション能力が高いので発言を積極的に行いますが、状況描写が長く「何が言いたいのか」が明確でない発言をする人がいます。男性は理詰めで発言する傾向がありますが、言葉足らずな説明をする人もいます。

　性別からくる発言の仕方や話し合いの仕方の特徴を把握しておくことで、会議が混乱と迷走に陥ったときでも適切に対応することができます。

〈性別による話し合いの特徴〉
・男性：理屈っぽい、説明が足りない、懐疑的な言い方をする、皮肉った見方をする、否定的にしか言わないなど
・女性：主観的である、思いが先行しやすい、主語がわからない、感覚的な発言をする、脱線しやすい、横道にそれる、不意の発言があるなど

　もちろん、これらは性別だけが影響するわけではなく、個人のパーソナリティによってあらわれ方の程度は異なります。

2　属性を把握する「2つの注意点」

　参加者を「属性」で分類することで会議を効率的に進めることができます。しかし属性の特徴だけで発言を理解しようとすると決めつけや思い込みを誘引するだけでなく、結果的に形式ばった話し合いとなるので注意しましょう。

1）属性と個人を分ける

　属性といえど、それは参加者誰もが持つ「一側面」です。属性の立場に立った発言と個人の考えを分けることが重要です。参加者が持つ**いくつもの顔（属性）**に応じた質問を投げかけてみましょう。予想外の回答が返ってくることがあり、話し合いに幅が生まれます。
・「では専門職の視点でなく○○の視点ならばどうお考えですか？」

2）発言のなかに属性を読み取る

　発言を注意深く聞き取るとそのなかに属性からくる発言があります。それらを読み取り「属性が反映した発言」として要約します。
・「今のは○○の立場の視点で発言いただいたと理解してよろしいでしょうか？」

第3節　環境づくり

会議では「話し合いの環境づくり」がとても重要です。

どのような場所で、どのような机の配置で行うのか、その環境が参加者の気持ちに反映します。環境づくりも含めた話し合いの**ムードづくり**に取り組んでみましょう。

ムードづくり

1　会議の環境づくりとは「話し合いのムードづくり」

ただの報告だけならわざわざ集まることはありません。メールで情報を共有する、テレビ電話で話し合うことでよいかもしれません。話し合いのために集まるのは、表情から**息づかい**まで伝わる**顔の見える環境**だからこそです。その魅力が発揮できる環境づくりは「話し合いのムードづくり」から工夫しましょう。

息づかい
顔の見える環境

① **会議空間を工夫する**
② **座り方を工夫する**
③ **ミーティングルールを示す**
④ **小道具を活用する**
⑤ **発言の順番を工夫する**
⑥ **ワークショップを取り入れる**

1）会議空間を工夫する

会議空間の広さは参加者の気分に大きく影響します。特に1時間以上の会議ならば、せまい空間は窮屈になるため、できるだけ避けます。一方、広すぎる会議室しか用意できないようなら、パーテーションで仕切るなどの**間仕切り効果**を狙った環境づくりもよいでしょう。

間仕切り効果

サービス担当者会議は利用者の自宅で行うことが多いので、ベッドや家具の配置を考慮し参加人数も検討します。

事業所内会議は30分程だとしても、書類が山積みの机で向き合ったまま

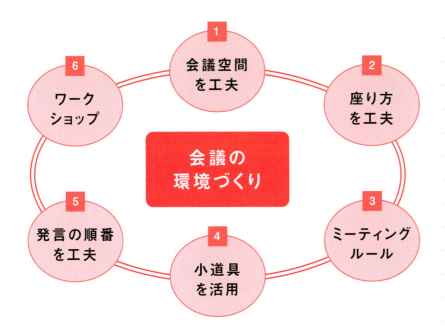

行うのではなく、メリハリをつけるためにせまくても打ち合わせスペースをつくって行うようにしましょう。

日中でも若干暗いようなら室内灯をつけることをおすすめします。

2）座り方を工夫する

日本式の会議には「上座・下座」があり、上座は立場や肩書・年齢が上位の人が座ることが慣例となっています。会場に入ると参加者はどこに座ればよいか必ず悩みます。

・上座にあたる場所はどの席なのだろうか
・どの人が隣にくるのだろうか
・どの席なら失礼にあたらないか

などの不安から座る席を決めるまでに時間がかかることがよくあります。

組織や地域の会議などでは座る順番に配慮が求められます。あらかじめ座る場所を決めておき、「こちらにお座りください」と誘導するようにしましょう。座る場所に**名前入りの札**（プレート）を置いておくのもよいでしょう。

自由に座ってもらうと親しい者同士が隣り合わせで座りがちです。参加者の交流を目的とするなら座る場所をあらかじめ決めておきます。

〈サービス担当者会議〉

サービス担当者会議では、利用者（家族）はケアマネジャーから表情が見える場所（例：真横・真向かいはNG。斜め方向がベスト）がよく、トイレなどで中座しやすい出入り口のそばなどもよいでしょう。ケアチームは到着した順番で座りがちです。あらかじめ居室のどこに位置

取ってもらうとよいか、決めておきましょう。

〈地域ケア会議、カンファレンス〉

　　属性（例：ケアチーム、医療チーム、行政チーム）ごとに座る位置を決めておきます。初対面が多いので必ず名札を用意しておきます。

3）ミーティングルールを示す

　話し合いにも「ルール」が必要です。しかし会議にルール（守るべきこと）があることをわかっている人は多くありません。話し合いのスタートに**参加者に協力してもらいたいルール**（グランドルール）を進行役が示すことで発言を積極的に引き出すだけでなく、脱線や長話を防ぐことができます。話し合う項目の説明の前後に**協力の依頼**として付け加えましょう。

〈グランドルールの例〉

- 全員発言：「時間に制約があります。全員が発言できるようご協力お願いします」
- 発言時間：「時間もありませんので、発言はお１人１分～２分程度でお願いします」
- 挙手の依頼：「発言や質問があるときはお手を挙げていただけるようお願いします」
- 傾聴の依頼：「発言されている人がいるときは皆さん集中してお聞きいただけるようお願いします」
- 話し合いへの依頼：「限られた時間です。充実した話し合いの時間にしたいのでご協力よろしくお願いします」
- 中座への依頼：「中座される方はあらかじめお知らせいただけますか」
- 携帯電話についての依頼：「お忙しいとは思いますが、会議中の携帯電話はお切りいただくか、マナーモードでお願いします」

4）小道具を活用する

　話し合いの不安をなくし、効率的に進めるには次のような「小道具」を用意するとよいでしょう。

- 名札（名札シート、卓上型名札など）
  効果：所属・名前でおたがいを呼ぶことができる
- ホワイトボード
  効果：発言や決定事項を書くことで見える化できる
- プロジェクター
  効果：資料や写真・動画を拡大して見せることができる
- 付箋（ワークショップスタイルで使用できる）
  効果：参加者の考えが書かれた付箋を貼り、全員の考えの見える化が短時間でできる。またホワイトボードや模造紙に大書きしたケアプラ

ンに直に書き込むのではなく、付箋に書き込むと移動や書き直しに便利である

5）発言の順番を工夫する〜「発言が苦手な人」を盛り立てる〜

盛り上がる会議とは活発な発言が交わされる会議です。しかし、活発な発言といえど話好きな人や仕切り型の人、説明好きな人、議論好きな人ばかりに集中していては、決して全体が盛り上がった会議とはいえません。むしろ性格が控えめな人、発言が苦手な人、立場が弱い人（例：年齢が下、立場が下）たちが沈黙をしていては会議の空気はよくないものになっていきます。黙っているのは意見がないのではなく、一部の人たちのために発言ができない（**発言が封殺**されている）状況に置かれていると考えるべきです。

進行役は参加者の属性（例：発言が好き、発言が苦手、立場が弱い）を見抜き、次のように**指名法**を使って話し合いを進めましょう。

- 発言好きの人が数人話した後に「発言が苦手な人」を指名する
- その発言の視点や内容、興味深い点などをほめる（ここが勘所！）
- その発言に関する質問や感想、相乗り発言（p.28参照）を引き出す（ここでは話好きの人でなく発言が少ない人を指名するとよい）

また進行役が指名を行う場合には、発言した人の隣の人を指名するのではなく、真向かいの人か斜め向かいの人を指名し相乗り発言を引き出します。

「今、発言いただいた○○さんの内容について（真向かいの人に）どのように感じられましたか？」

発言が苦手な人、発言が少なめな人の発言を中心に活発な発言が交わされるだけで会議のムードはグッとよくなります。また、話好きな人、議論好きな人も発言を控えるので**話し合いのバランス**がとれます。

6）ワークショップを取り入れる

ワークショップとは学びや創造、問題解決のトレーニングの手法で、参加・体験を基本とします。代表的なワークショップには4つがあります。

- **アイスブレイク**：簡単なゲームや自己紹介などで緊張感をやわらげる
- **ブレーンストーミング**：4つの原則（自由奔放、発言は質より量、相乗り・触発OK、良い悪いの評価なし）を基本に行う
- **フォトランゲージ**：1枚の写真をもとに自由に話し合う
- **KJ法**：まとまりのない情報や意見を付箋に書き、類似性や共通性でグループ化し、新たなアイデアや意見を出したり、分析を行う

この4つのワークショップ手法を話し合いのきっかけづくりや、話し合いを「広げる・深める・まとめる」ために活用してみましょう。

第4節 進行役の作法

会議の作法

会議とは、さまざまな立場や年齢の専門職がわざわざ時間を確保して「話し合うために集まる場所」です。進行役だけでなく出席する人が**会議の作法**を身につけているかどうかで会議のムードは違います。

進行役の作法は参加者になったときにも共通に使えるノウハウです。

1 進行役の作法（表情、声、態度、身振り）を基本から身につける

会議に無防備

多くの人は**会議に無防備**に参加しています。いい意味で「本人らしさ」が前面に出ているわけですが、ほかの参加者にとっては戸惑うような表情や態度、話し方や身振りに映ることがあります。特に進行役は参加者全員から注目される立場にいます。進行役が4つの作法を身につけていれば参加者のフォローやサポートを話し合いの流れのなかで行うことができます。

次の4つの作法を身につけ、いつも自己チェックしましょう。
①自分の表情（見た目）を使いこなす
②声の出し方を場面ごとに工夫する
③場面ごとに「姿勢・態度・服装」を工夫する
④身振りを効果的に使いこなす

進行役も参加者も「色々な感情」を抱えて会議に参加します。感情とともに体調は、表情や態度・声にあらわれ会議のムードに影響します。参加

大切なエチケット

者に不快な印象や気がかりを与えないのは社会人としても**大切なエチケット**です。

4つの作法で「気持ち」を切り替え、話し合いに集中しましょう。

1）自分の「表情」（見た目）を知り、場面に合わせて使いこなす

皆さんは自分がどのような表情をしているか、知っていますか。自分なりに笑顔のはずが「笑った顔」になっていない、リラックスしているだけ

進行役の作法

1. 表情（見た目）を使いこなす
2. 声の出し方は場面ごとに工夫
3. 場面ごとに「姿勢・態度・服装」を工夫
4. 「身振り」を効果的に使いこなす

なのに「怒った顔」と思われている、周囲に「疲れた顔、暗い顔、悩んでいる顔、疑っている顔」と思われているということは往々にして起こっています。それをあなたが知らないのは周囲が言わないからです。

　相談援助職にとって自己覚知は重要なステップです。まずは表情の「見た目」から始めてみましょう。鏡の前に立ってさまざまな表情をつくってみましょう。正直、がっかりすることもあるでしょうが、繰り返しのトレーニングで改善されます。まずは表情の自己覚知から出発することがプロフェッショナルの条件なのです。

〈目〉

　「目は口ほどにものを言う」とたとえられるように、目からは感情・体調だけでなく関心・理解・共感の度合いまで読み取ることができます。「見る行為」を、参加者を見る、興味深い発言をする参加者を見つめる、全員の表情を眺める、目を凝らす、表情を読み取るなど、用途別に使い分けましょう。

　そのために視力矯正（例：眼鏡、コンタクトレンズ）が必要なら行いましょう。また印象を変える目的で眼鏡をかけるのもよいでしょう。

〈肌、髪〉

　肌は健康状態と年齢があらわれます。清潔感を大切にし、男性は髭を剃り、女性は過度でない程度に化粧もしましょう。髪も清潔感を大切にします。進行役では、髪を何度もかきあげる動作や下を向くと表情が髪に隠れるなどがないよう注意し、会議中はまとめておくとよいでしょう。

〈場面ごとの表情のつくり方〉

話し合いもすべてが笑顔で通せる内容ばかりではありません。支援困難ケースを検討するときもあれば、難しい調整の話し合いをしなければいけないこともあります。その際には**真剣な表情**を心がけましょう。現実がいくら厳しくとも「暗い表情、深刻な表情」は控えるようにします。

2）場面ごとに「声の出し方」を工夫する

声には表情以上に個性があります。声にも感情と性格、体調があらわれます。自分の**声の質**をICレコーダーなどに録音して特徴を知っておくことで、自分の声のコントロール（使いこなすこと）ができます。

特にどの人もあがってしまうと早口になり声が上ずり気味になります。大きめの声でゆっくりと話すと気持ちを落ち着ける効果があります。

〈声の質〉

　・話す声：高い・低い、大きい・小さい

　・話すスピード：速い・せっかち、ゆっくり・丁寧

　・声の印象：明るい・暗い・元気・穏やか、硬い・甘い・きつい

〈話し方の工夫〉

　滑舌がよい・悪い、抑揚（高い・低い、速い・遅い、間を入れる）を入れた話し方ができる、話し方が単調であるなど

〈声への対応〉

　声が小さいと参加者（特に高齢者）の耳には届きません。大きめに発声するかマイクを使うようにしましょう。参加者で声が小さい、話し方が速い、ボソボソしている、滑舌が悪いなど「聞き取りにくい」ようなら次のようにお願いします。

　　・「すみません、少し大きめの声でお話をしていただけますか」

　　・「すみません、もう少しゆっくりめにお話をしていただけますか」

3）場面ごとに「姿勢・態度・服装」を工夫する

会議に参加する姿勢・態度・服装は進行役の印象だけでなく会議のムードにも影響します。

〈姿勢・態度〉

　会議では背筋が伸びるように椅子には浅くかけ、猫背にならないように胸を張り、いつも自己チェックする習慣をつけましょう。頬杖をついて聞くなどは最もNGです。

　手元でメモをとることはあまりせず「発言を聞く」ことに集中します。進行役でノートパソコンを見ながら進める人がいますが、何を見ているかわからないうえに、見た目にもあまりよい印象ではありません。参加者に集中するようにします。

　貧乏ゆすりやペン回しも落ち着きがない印象を与えるので注意しま

しょう。

〈服装〉

　進行役の服装も会議のムードに影響します。清潔感があっても行き過ぎた華美な服装は違和感を生みます。参加者の顔ぶれや会議の目的に合わせて服装をコーディネートしましょう。親しみやすさを強調するためにラフな服装とすることもよいでしょうが、会議とは「公的な場面」です。むしろ普段とは違った「あらたまった服装」（例：ネクタイ）をすることで「よい緊張感」をつくることができるでしょう。

4）「身振り」を効果的に使いこなす

　進行役が緊張のあまりガチガチに固まっていると話し合いのムードも堅苦しいものになりがちです。にこやかな表情だけでなく、話し合いを進めるなかで「身振り」を効果的に使いこなしましょう。

〈共感の身振り〉

　発言を聞くときの基本は「うなずき」です。話の内容によって「小さくうなずく、大きくうなずく、共感的にうなずく」などを使い分けます。進行役がうなずくことで参加者にも「うなずき」が伝わり、話しやすいムードが生まれます。

〈うながしの身振り〉

　話し合いのなかで手を挙げる人がいます。そのときに声だけで「〇〇さん、どうぞ」とするのでなく、手の平を上に向け相手のほうに腕を伸ばして「どうぞ」とうながしの身振りをしたほうが効果的です。そのときに表情をつける（例：笑顔、ほほえむ）とさらによいでしょう。

　ペンでこの動作をすることはNGです。注意しましょう。

〈聞き取る身振り〉

　発言をしているときの進行役の身振りはとても大切です。本来、発言は参加者全員に向かってされるものです。しかし、進行役が生真面目に発言した人の表情ばかりを見てしまうことが起こりがちです。これでは「進行役と発言者」が見つめ合うことになります。以下のようにすることで、発言者も自然と他の聞き手に向かって話し始めます。

- ・発言者の目を見つめアイコンタクトを送る
- ・発言者が話し始めたら、ゆっくり聞き手のほうに顔を向ける
- ・聞き手の共感度や理解度を表情から読み取る
- ・発言が終わったら話し手に再度アイコンタクトを送り、聞き手に相乗り発言や質問をうながす

第5節 質問の仕方・聞き取り方

　話し合いを進めるうえで進行役に必要なのは質問力です。質問は報告や発言のあいまいさを浮き彫りにし、正確な説明を引き出し、参加者を正しい理解に導くことができます。また話し合いが滞ったときに参加者に「問いかけ」をすることで気づきが生まれ、話し合いは深まり、異なった角度で質問することであらたな展開を可能にしてくれます。
　質問の仕方を身につけ話し合いをアクティブに進めましょう。

1 ついやってしまいがちなNG質問

　会議の場で進行役がついやってしまっている「NG質問」があります。
「皆さん、何かありませんか？」
　この質問は話し合いを始める冒頭に投げかけられるのが一般的です。しかしこれでは何について質問や発言をしてよいか参加者はわかりません。ですから、沈黙となり、続いて可でも不可でもない**ありきたりな発言**があって5分くらい後に本格的な発言が始まります。これでは話し合いに**リズム感**が生まれません。
　「では、今の報告にどなたか質問か感想をお出しいただけませんか？」
　こう切り出すことで話し合いのスタートをスムーズに始めましょう。

2 質問は話し合いの水先案内人でありフォロー役

　会議では参加者が問題意識を持ち、「話し合いのプロセス」でテーマを掘り下げていきます。認識を一致させる質問の次に「なぜ〜」（理由）を問う問いかけを行い、順次、環境や条件、影響などを探ります。そして「どうすれば〜」（未来形）の問いかけで参加者の目線を「これから」に変え、正解でなく最善の解決策や対応策を話し合うこととなります。
　このように話し合いの水先案内人となるのが「問いかけ」なのです。

余白メモ:
「皆さん、何かありませんか？」
ありきたりな発言
リズム感

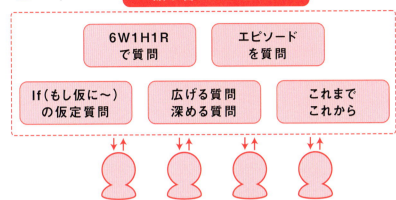

問いかけのパターンには次の5つがあります。
① 「6W1H1R」で質問する
② 「エピソード」を質問する
③ 「If（もし仮に〜）」の仮定形で質問する
④ 「広げる質問」と「深める質問」を交互に展開する
⑤ 「これまで」と「これから」をバランスよく質問する

1）「6W1H1R」で質問する

　進行役の役割は発言内容が正確に伝わることをフォローすることです。しかし、日本語そのものにあいまいさがあるために正確に伝わらないことが往々にして起こりがちです。発言が始まれば、「5W1H」ならぬ6W1H1Rを意識しながら聞き取り、抽象的な言い方や表現があればフォローの質問をしましょう。

▼だれ（Who）のことですか？
　「今、話されたご家族とはどの方ですか？」
▼いつ（When）のことですか？
　「朝方とは具体的に何時頃ですか？」
　「長女の方がたびたび来られると話されましたが、週何回ですか？」
▼なに（What）のことですか？
　「家事に困っているとのことですが、具体的には料理ですか？　それとも洗濯ですか？」
▼どこ（Where）ですか？
　「屋内で転倒の不安があるとのことですが、玄関ですか？」

▼なぜ（Why）ですか？
　「困っている理由や原因を具体的に話していただけますか？」
▼願い（Wish）は何ですか？
　「○○さんはどのような思い（願い）で〜〜をされたのですか？」
▼どのように（How）していますか？
　「どのように困っているのですか？」
▼結果（Result）はどうなりましたか？
　「それで○○さんはどうなりましたか？」

2）「エピソード」を質問する

　発言の多くは抽象的・部分的だったり、本人にとって印象的な話し方をしがちです。思い込みや決めつけもあれば推測や憶測を事実のように話す人もいます。それを進行役が否定することはできません。あわてずにエピソードを質問し、話し手に具体的に話してもらいましょう。すると思わぬ状況や経緯が語られることもあれば、話し手が自分の発言のあいまいな部分に気づくきっかけとすることができます。

・「先程の○○のことですが、何か象徴的な出来事やエピソードを1つ2つ、お話しいただけますか？」

3）「If（もし仮に〜）」の仮定形で質問する

　話し合いは現状や過去の事実、データなどをもとに話し合うために、どうしても難しい方向に話が引っ張られ、悩みの迷路に迷い込むことになります。そこで、何とかポジティブな発言を引き出したくて「前向きな発言をお願いします」と言ってしまっては逆効果です。参加者に文句をつけている印象となるからです。

　このような場合に効果的な質問が「If（もし〜）」で行う仮定形の質問です。難しい状況であっても、「もし仮に〜」と条件を設定した質問を行うことで参加者の視点が大きく変わることがあります。

・「もし仮に本人が家族に〜〜と伝えていたら○○はどう変わったでしょう？」
・「もし仮に〜〜の条件が整っていれば、今はどうなっていたと思われますか？」

　また、話し合いが暗礁に乗り上げ、打つ手が見えないとき、未来形の質問をすると取り組むべきことを具体的に深めることができます。

・「もし半年間このままだったらどのような状況になっているでしょうか。そうならないためにここ1か月でできることはどのようなことでしょうか？」
・「もし仮に1か月後にどのような資源があれば、状況を変えることが

できると思われますか？」

4）「広げる質問」と「深める質問」を交互に展開する

　話し合いには、必ず議題（テーマ）があります。しかし、いきなり意見を求めても参加者から意見を引き出すことはできません。また深い話や具体的な話に進めるためにも、その前段で意見が出やすい「広げる質問」で問いかけることが効果的です。

〈広げる質問〉
- 「今話されていることが原因で○○地区の住民の方が困っていることにはどのようなことがあるでしょうか？」
- 「○○さんのADLで改善がみられるのは他にどのようなことがありますか？」

　このような広げる質問をすることで、参加者は気軽に意見や感想を出しやすくなります。次に、そのなかから議題に近い小テーマを絞り込み、深める問いかけをしましょう。

〈深める質問〉
- 「ではゴミ置き場の清掃ができない原因と対策について話を具体的に深めていきたいと思います」
- 「では○○さんが排泄で特に改善がみられるようになった理由について話を深めたいと思います」

5）「これまで」と「これから」をバランスよく質問する

　会議では「これからどのように取り組むか」（未来形）を話し合うことが一般的です。しかし、現在も未来も「過去」からの一つのつながりです。これからを話し合う前に「これまで」はどうだったのか、その現状分析や経緯について共通の認識を持っておくことは大切です。

　しかし「これまで」をあまり深めると過去の困難さばかりが強調され、「これから」の計画を話し合うときの**精神的なブロック（メンタル・ブロック）**を生み出すことにもなりかねません。

　「これから」について話し合うときに、進行役は「これまで」の経験や実績などからプラス面を引き出し、マイナス面についてはその原因や影響を整理し、「これから」の取り組みを話し合ううえで「配慮すべきこと」として前向きにとらえる姿勢で話し合いを進めましょう。

- 「これまでを振り返って、特にうまくいった支援を3つあげてみましょう」
- 「これから取り組むにあたり配慮すべき点を話し合いたいと思います」

第6節 扱いにくい参加者への対応

不思議な力学

進行役で困るのは「扱いにくい参加者」です。会議では**不思議な力学**がさまざまに働きます。立場の力、肩書の力、年齢の力、性別による力、さらに組織内なら勤務歴（先輩・後輩）、経験値（ベテラン・新人）の力学が働き、サービス担当者会議ならば家族関係や親族関係、専門性の力関係や近隣のつきあいなどが影響します。

力関係のバランス

力関係のバランスが違っても活発に話せる人もいれば寡黙になる人もいます。気にしすぎるあまり遠慮がちにしか話さない人もいます。このような参加者に対しては、場面別に対応をシミュレーションしてどのように扱えばよいかをイメージトレーニングしておくとよいでしょう。

1 扱いにくい参加者は「9タイプ」

扱いにくい参加者は大きく9タイプに整理できます。当の本人が「扱いにくい参加者」を自覚しているかはわかりません。ただ、その手の人は往々にしてどの会議でも同じようなポジションになります。「自分のまわりにはどのタイプの人がいるか」をイメージして、対応策を考えましょう。

① 発言をしない参加者
② やたらと発言する、話にまとまりがない参加者
③ 皮肉屋でネガティブな発言をする参加者
④ やたらと細かいことにこだわる参加者
⑤ とりあえずの発言しかしない、隣同士で話し出す参加者
⑥ 話し合いの流れを変えたがる参加者
⑦ つい感情的になってしまう（例：泣く、怒る、興奮する）参加者
⑧ 必ず蒸し返し発言をする参加者
⑨ 早退・遅刻が常習の参加者

1）発言をしない参加者

会議でひと言も発言しない人がいます。意見がないわけではありませ

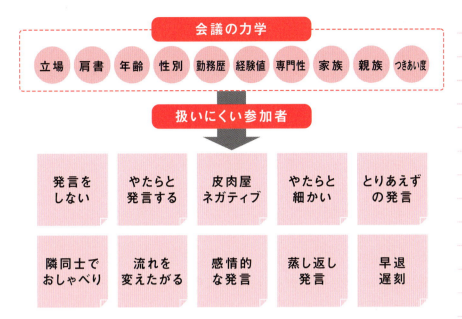

ん。でも賛成しているともいえません。下を向いて黙々とメモを取っているのは発言したくない自分をアピールしているのかもしれません。

・ピント外れなことを言って恥をかきたくない、性格が人見知りで照れ屋
・発言すると仕事が増えてしまう、責任をとらされるのが嫌
・会議の進行やテーマに不満がある

　発言してもらうには、指名して話してもらいます。見つめるのではなく、大きくうなずき「その考え方は貴重ですね」と相づちを打つことがポイントです。また、他の参加者の力関係が働いていたら、その参加者の発言を抑える、会議の前に本人と会話を交わすなどの個別の関係づくりが効果的です。

2）やたらと発言する、話にまとまりがない参加者

　やたらと発言する人の特徴には2つあります。回数が多いタイプは他の人が発言していてもかぶせ気味に話し始めます。話し始めると数分も長く話すタイプの人もいます。どちらのタイプもキーパーソンや実力者に多いので細心の注意を払い、タイミングを見計らって別の人に発言を回します。

・息継ぎをしたその「瞬間」に「ありがとうございます」と感謝を述べ、「では、○○さんは今のお話をどう思われますか？」と発言を回す
・ホワイトボードの前に立ち「ポイントをまとめるとどうなりますか？」と質問する

3）皮肉屋でネガティブな発言をする参加者

　会議にはこのタイプの人が時々います。最初からは発言をしませんが、ここぞというときにおもむろに発言してきます。「どうせ無理かもしれませんが」というネガティブなオーラを前面に醸しながら話しますが、よく

聞くと具体的で指摘も正確なことがあります。このタイプは問題意識は高く、前向きに発言をしてもらうと話し合いの質は高まり、素晴らしい結論を出すことも可能です。そうするためには、次のことを心がけましょう。

・「鋭いご指摘、ありがとうございます」と本人を尊重している姿勢を言葉で示す
・進行役や他の参加者への攻撃的な発言があっても、動じることなく、その発言を他の人（その人と相性のよい人）への問いかけにする→「○○さんは今の発言についてどう思われますか？」
・会議の前や休憩時間に個人的に意見を聞き、理解を示しておく

4）やたらと細かいことにこだわる参加者

やたらと細かいところにこだわる発言をする人がいます。「私はここを心配しているんだ」と周囲に示したい人もいれば、細かいところが気になって前に進めない人までいます。大概は間違っていない指摘が多いので反論もしづらく、大雑把な人からは「またか」と思われ、その人が話し続けるとムードは沈滞します。次のように対応しましょう。

・指摘の正しさを認める、感謝する
・詳細はこの会議の最後に再度意見を聞くと提案する（後回し）
・次の会議でたたき台をつくり詳細を詰めたいと提案する（先送り）

5）とりあえずの発言しかしない、隣同士で話し出す参加者

会議で発言がないのは困りますが、テーマに関連のない「とりあえずの発言」や隣同士でコソコソ話し始める人も困りものです。進行役が「何かありませんか？」というNGフレーズ（p.52参照）を参加者に投げかけるととりあえずの発言タイプも多くなります。

場をあたためる　意見でもなく感想でも情報提供でもない、とりあえず場をあたためるような発言なので、これに乗ると横道に逸れてしまいます。ただし気まずい空気をなごませるために話す人もいるのでその場合は感謝し進めます。

・「なぜ、そう思うのですか？」と真意を質問し、具体化をしていく
小さい質問　・「そのなかで特に重要だと思われることは何ですか？」と小さい質問に絞り込んでいく

6）話し合いの流れを変えたがる参加者

話し合いの前半・中盤で「そんなことより、まずは○○について明確にしなければいけないんじゃないですか？」「今のチームで本当にそれが必要なのか、そもそもから話さないといけないのではないですか？」などとちゃぶ台返しのような発言をいきなりする人がいます。

自分の存在感を示すために発言をしているか、話し合いの趣旨を理解していないか（代理で参加した人に多い）という場合が考えられます。進行

役としては流すのではなく、その提案について、判断しなければいけません。話し合いを中断して次のように対応しましょう。

- ・責任ある立場にいる人に判断をあおぐ
- ・話し合いのテーマを変更することを問いかけ、数分話し合いを行う
- ・会議の趣旨とゴールを再度説明し納得してもらう

7）つい感情的になってしまう（例：泣く、怒る、興奮する）参加者

人は問い詰められたり立場が悪くなると感情的に反論したり逆質問で反撃に出たりすることがあります。虐待事案やクレーム事案、介護事故などの事案を話す場面では、自分の正当性（自分は悪くない、仕方なかった）を感情的に主張したり、涙ながらにふさぎこむことがあります。

またサービス担当者会議では家族介護の心労や人間関係の複雑なもつれから家族間できびしい言葉が交わされることもあります。

この場合、まずは場を落ち着かせることが先決です。

- ・アイコンタクトを送り「もう少し詳しく話を聞かせてください」と傾聴し、「それはつらかったですね」と共感の言葉をおくる
- ・休憩を入れ感情的になってしまった人と話す時間を持ちフォローする

8）必ず蒸し返し発言をする参加者

話し合いで困った人の代表格は結論やゴールが見えてきたときに蒸し返しの発言をして元に戻してしまう人です。このタイプは意見を出し合っているときは発言しないのが特徴です。自分なりの考え方がまとまったため蒸し返してでも自分の意見を通そうとするので、他の参加者は白けてしまいます。基本は細かい「了解」をとることで予防します。

- ・小まとめを入れて「○○でよろしいですね」と各自に了解を取る
- ・蒸し返し発言には「先程、皆さんの了解をいただいたはずですが……」と説明する

9）早退・遅刻が常習の参加者

「会議は参加者の時間を奪うもの」ですが、必ず早退・遅刻する人がいます。組織や個人によってそれが当たり前化している場合は、3分前には着席し時間どおりに始めることをきびしく事前予告します。

ただし早退・遅刻者の扱いを間違うと「進行上の難敵」になります。

- ・会議の冒頭で遅刻する人の理由と参加時間を進行役から伝える
- ・遅刻した人には今までの話し合いのおさらいを数分間で行う
    - ※これをしないと議論に取り残されるだけでなく蒸し返しの発言をされてしまい、話し合いが振り出しに戻ってしまうリスクがある
- ・早退する人には帰り際にひと言必ず発言をしてもらい一体感をつくる

第7節 進行の「困った」への対応

会議はライブ　会議は**ライブ**です。

したがって、思わぬトラブル（「困った」）も起きます。

あなたがテーマに合わせて参加者を募り、苦労して進行レジュメを作成し、冒頭にグランドルールを告げても、想定どおり進むわけではありません。協力的な参加者がいる一方で非協力的な参加者や扱いにくい参加者が数人いれば、進行の困難さは倍増します。さらに話し合いにはさまざまな力学が働きます。参加者同士がおたがいの様子をみながら発言をすることも多いので、時に暗礁に乗り上げることもあるでしょう。

進行役は、進行の「困った」の対処法をある程度見込んで会議に臨むことで、「困った」をチャンスに変えることができます。

1　進行の6つの「困った」にあわてない

進行の「困った」には大きく6つのタイプがあります。これらはどのような会議でもよくあるパターンです。会議の「困った」で進行役が焦ってミスリードすると話し合いは迷走を始めます。「困った」への対応テクニックを使いこなすことで、あわてず焦らず急がず、余裕をもって進行することができます。

〈進行の6つの「困った」〉
① **参加者が発言をしなくなる**
② **新しいアイデアや切り口が出ない**
③ **話し合いが脱線してなかなか進まない**
④ **話し合いが平行線でかみ合わない**
⑤ **話し合いが分裂して折り合う着地点が見つからない**
⑥ **同調圧力が働き、少数意見が言いづらい**

発言してもよい　1）参加者が発言をしなくなる
ムード　進行役は「発言したくなる・**発言してもよいムード**」づくりをまずは行

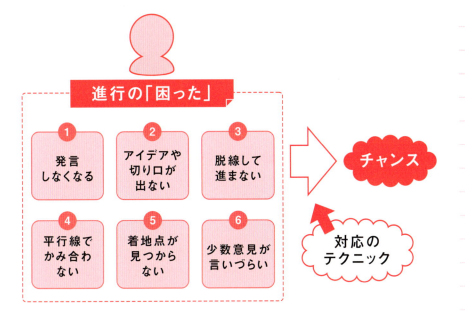

います。1人でも初めての顔ぶれがいるだけで「あの人はどのような人だろう」と緊張した空気が流れます。もちろん初顔ぶれの人にとっては全員が初対面ですから全員の自己紹介は必須です。

・進行レジュメに参加者の肩書・氏名を印刷しておく
・進行役がちょっと持ち上げた紹介をした後に自己紹介をしてもらう

ところが話し合いが順調に進んでいても、あるテーマ（例：虐待が疑われる）になると参加者が寡黙になることがあります。立場上発言しにくい、軽はずみに言えない、相当考えないと発言できない、といったことが理由として考えられます。沈黙も集団圧力なので余計に口火を切りにくくなります。指名しても発言の強要の印象が強いと「特にありません」という返事しか返ってこなくなります。次の方法を試してみましょう。

・「今から数分、考えをまとめる時間とします」と宣言して「リラックスしてもよい沈黙の時間」に変える。緊張感がとれると隣同士で軽い会話が生まれることもあり、数分後、必ず発言する人があらわれる
・「今までの話の流れを整理します」とおさらいをする。ホワイトボードを使うと参加者の視線が集まり、気持ちが1つになる効果が期待できる

2）新しいアイデアや切り口が出ない

　法人主催の企画ものの会議や研修のタイトル・内容を検討するときには「斬新なアイデア」や切り口がほしいものです。ケアマネジャーの会議も同じです。例えば、進行役も参加者も同じ気持ちであっても似たり寄ったりのアイデアしか出ないときに空気は重くなります。

次のような方法で、アイデアを引き出してみましょう。
- 気分転換に立ち上がって体を動かしてもらう
- 休憩をとり脳と心を休ませる
- ブレーンストーミング（p.47参照）で付箋を使ってアイデアを出し合い、KJ法（p.47参照）でグルーピングする
- 「もし仮に〜」と仮定質問で問いかけ、固まった発想を自由にする

3）話し合いが脱線してなかなか進まない

会議が脱線することはよくないこととされますが、沈黙が続くよりマシです。むしろ話題が横道にそれて盛り上がるので**ガス抜き**として効果があります。

問題は脱線したままにして進行役が元に戻せないことです。その際は次のことを実践しましょう。
- 横道に逸れるような発言には再度テーマを説明し、テーマに関する発言を求める
- 沈黙が続いていても、たまたまの発言に一同が盛り上がったら1分〜3分はそのままにしておく
- 参加者も脱線していることは大抵わかっているので「皆さん、そろそろ話を戻してよろしいでしょうか」とタイミングを見計らって言う

4）話し合いが平行線でかみ合わない

話し合いが平行線となる理由は、A案、B案、C案についての参加者の理解と認識が一致していない、それぞれの主張と理由に納得感がありどれも重要性が同じくらいである、進行役に主張を話すばかりで他の参加者に向けて説明をしない（だから理解が得られない）、などが考えられます。
- 認識を一致させるために再度全員に向けて説明を行ってもらい、質問・回答のやりとりの次に「共通点と相違点、メリットとデメリット、急ぐ・急がない」などを評価軸にホワイトボードに見える化する
- A案、B案、C案別に、「期間、費用、人員、準備」などの項目ごとにホワイトボードで見える化する
- 平行線を生みやすい抽象的な用語があれば、**用語の定義**を行う
- いくつかの状況を設定し、状況ごとにおける最適案を話し合う

5）話し合いが分裂して折り合う着地点が見つからない

話し合いが分裂するとは、主張する同士が「聞く耳を持たない状態」です。長時間の話し合いを経ても折り合うことができずに、感情的に「反目し合う関係」になっていることもあります。個人同士でもやっかいですが、部署部門間、事業所間なら合意に至るにはもっとやっかいです。

大抵は参加者間に利害関係（例：責任を負いたくない、仕事を受けたく

ない、費用を負担したくない、損な役回りは勘弁してほしい）があります。あるテーマで分裂するだけでなく、ことごとく対立することがパターンになっていることもあります。

　なんとかまとめようと進行役は「A案を基本にB案、C案の要素も取り入れた方向でいきましょう」とすべてを取り込もうとしてしまいがちです。聞こえはよくてもこれでは妥協の産物になりかねません。

　進行役は「中立・公平」の立場で話し合いを次のように進めます。

・ホワイトボードを使い「共通のメリット」と「共通のデメリット」を書き出し、一致点を粘り強く話し合う
・相手の案がなぜ「×」なのかを質問・回答してもらう
・論理的な納得軸と感情的な納得軸を示し話し合う
・判断軸（例：利用者、家族、組織、チーム、個人）や法人・事業所の理念軸を示し、どの案が最も適切かを話し合う
・結論が出ないようなら、明らかになった共通点と相違点を整理し、次回の話し合いに持ち越すことを提案する
　※この場合は参加者に宿題（例：チームの意見を聞いてくる、○○を調べてくる）を出すことで、次回の話し合いへの気持ちの切れを防ぐ

6）同調圧力が働き、少数意見が言いづらい

　日本人は会議で個人の意見を主張するのは比較的苦手です。周囲がどう考えているかを基準に自分の考えを決める人もいます。つまり個々それぞれの考えがあるのにそれを表明しないために、雰囲気で集団の一致点がなんとなくつくられ、同調圧力（例：みんながそうなら私もそれでいいです）が影響して全体の意思が決まるパターンが多いのです。

　多数決も本来はカードに無記名で記入する方法をとりますが、おたがいの顔が見えている挙手の方法では同調圧力が働きやすくなります。

　同調圧力が働く話し合いは一見スムーズに進んでいるようですが、少数の意見が言いづらく、結果的に一部の希少な発言さえ抑え込む（言いにくくさせる）ことにもなりかねません。

　進行役は多数派が話す主張の洩れや抜けを指摘し、少数意見の人にコメントを求めるのもひとつでしょう。

・少数意見を尊重し全体で深く掘り下げる
・少数意見の同調者を参加者のなかから見つけて発言を求める
・多数派の考えとは逆の考えを問いかけてみる
・参加者の誰かにあらかじめ「批判役」を依頼しておく
・2つのグループをつくりディベートを行ってみる

第8節 話し合いを「見える化」

余白メモ	
空中戦	会議で、誰が何を言ったのかを全部覚えられますか？ 抽象的な言葉だけが飛び交う**空中戦**のような会議をいくらやってもまとまりません。例えば話し合いを「聴覚情報→文字、図解」に変えてホワイトボードに「見える化」したら、参加者は共通の認識を持つことができます。
地上戦	まさに**地上戦**にすることで進行役は話し合いのプロセスを舵取りしやすくなります。

1 発言の「文字化」と「図解化」で話し合いのプロセスを見える化する

話し合いのプロセスを図解で描くには基本的な技術があります。
・発言をいかに「文字化」するか
・いかに文字をレイアウト（配置、図解化）するか
何度も描き直しを繰り返すなかで上達を目指しましょう。

1）文字化・図解化するための「4つのステップ」

話し合いを次の4つのステップで「文字化」「図解化」します。

ステップ1：発言を短い言葉に「要約」する

キーワード　発言のなかから**キーワード**になる言葉を拾い出し、短い言葉に「要約」しホワイトボードに記録します。まとめるだけでなく参加者が使った言葉をそのまま使うのもよいでしょう。次のように発言した人に確認します。
・「今の発言は（書く前に）○○○○ということでよいでしょうか？」
・「今の発言は（書いた後で）これでよいですか？」
・「今の発言をひと言で書くなら、どう書けばよいでしょうか？」

ステップ2：要約した「短い言葉」を強調する

話し合いの流れで強調したい「短い言葉」に次のようにメリハリをつけましょう。苦手を意識せず思い切ってやると臨場感が生まれます。
・書体を工夫する：太さ、色を変える、文字を太くなぞる、輪郭に色づ

けるなど
- 文字飾り：実線や波線（〜〜〜）でアンダーラインを引く、枠囲み（［○○○］、（○○○）、〈○○○〉）するなど
- 記号：言葉の文頭に「◇、■、◎、☆」、文末に「！、！！、？」をつける
- 囲み図形：タイトルを「☐、☐、○、💥」などで囲んで強調する。吹き出し（💬）に参加者の声を書き込む
- イラスト：人物や道具などの簡単なイラスト（☺️ ☁️）を描き加えると場のムードをやわらげる効果がある

ステップ3：「短い言葉」同士の「関係」を示す

個々の短い言葉がバラバラに書かれていても相互の関係や位置関係がつかめません。ここで矢印や囲み図形で**構造化**を行います。

- 囲み図形で**グループ化**する：同じカテゴリーに入る項目や言葉を図形で囲みます。賛成と反対、家族と地域などシンプルに区分けするだけで議論のバランスがよくなります。
- 矢印を使って「関係」を表す：関係を表すには矢印（→、⇒、↓、↑、←、⇔）が便利です。矢印も「向き、大きさ、太さ、色」で関係の強弱を表します。

ステップ4：「図解化ツール」を使って構造化する

議論を要約した言葉を記録し強調しているだけでは、内容がどんどん煩雑になってきます。話し合いの抜け・洩れにも気がつきません。別のスペースに「図解化のツール」を使って整理（構造化）をします。

② 話し合いの図解化「6つの手法」

話し合いを見える化すれば頭が整理されるので、自発的な意見も出やすくなります。お互いの顔を見るのではなくホワイトボードに集中しているので**目線を一緒**にすることになり求心力が生まれ、共感のムードをつくることができます。話し合いの抜け・洩れ、情報不足が発見でき、追加なども容易に可能です。

- 議論の全体像やポイントが提示できる
- 個人メモリーの議論からグループメモリーの議論にできる
- 話し合いのプロセスが記録として残る

話し合いの図解化には次の6つの手法があります。

① **グルーピング手法**　② **ツリー手法**　③ **ガントチャート手法**
④ **マトリクス手法**　⑤ **一覧表手法**　⑥ **因果関係手法（マッピング）**

図解するにあたっては貼り換えができる「付箋」を活用しましょう。

1）グルーピング手法

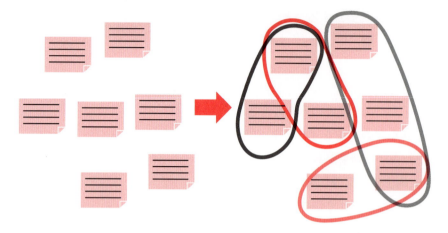

同じカテゴリーや近い言葉など「項目の親和性」に着目した手法。関連性のあるものをグループ化して囲み、数種類の矢印などで関係性をつけることなどで構造化することができる。

2）ツリー手法

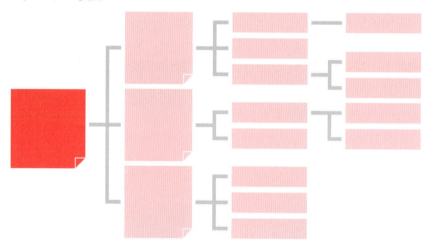

大項目・中項目・小項目などレベルに応じて階層別に項目をまとめて図解化をする。用途によってWhyツリー（原因分析ツリー）、Howツリー（問題解決ツリー）、Whatツリー（要素分解ツリー）のように使い分ける。

3）ガントチャート手法

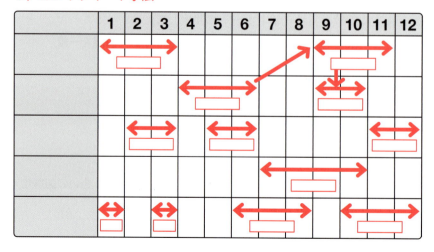

プロジェクト管理や生産管理などの「プロセス管理」に用いられる表の一種。作業計画を視覚的に表現するために用いられる。棒グラフの一種でもあり横棒によって作業の進捗状況（例：開始日、期限日）を表す。

4) マトリクス手法

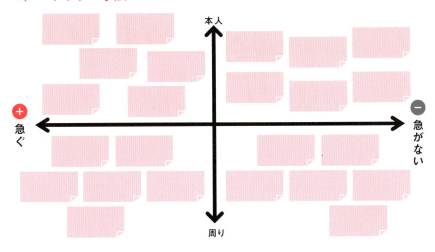

縦軸と横軸で「2×2」の領域をつくり発想を整理する方法。縦軸に「本人×周り」、横軸に「急ぐ×急がない」などを設定する。支援展開の全体をイメージできるとともに支援の順序を設定し取り組みレベルを整理できる。

5) 一覧表手法

課題	支援内容	期間	担当チーム	担当者	予算

一覧表手法は「多項目のマトリクス表」の一種。縦項目に課題を列挙し、横項目に「支援内容、期間、担当チーム、担当者、予算」などを列挙し話し合う。整理されているので「抜け・洩れ」を防ぐことができる。

6) 因果関係手法（マッピング）

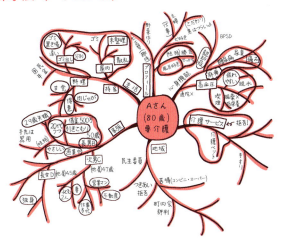

中心のテーマからいくつかの「大きな枝」を伸ばし、因果関係が想定される大項目・中項目・小項目を「単語」で記入していく。基本は「連想」。発想を広げる・深める、「関連性」を矢印でつなぎ、雲形の輪郭線で構造化する。

3 会議力のみがき方

第9節 ケース検討資料のつくり方・見せ方

たたき台

　資料は会議を効率的に進めるための大切な道具（ツール）です。資料には、認識や理解を一致させる資料から**たたき台**となる資料まであります。資料があれば説明も効率的に手短に正確に行うことができます。

1 カンファレンス、サービス担当者会議、地域ケア会議の資料づくり

　ケアマネジャーが日常的にかかわる会議には、カンファレンス、サービス担当者会議、地域ケア会議があります。どの会議にも利用者基本情報、アセスメント資料、ケアプラン、個別サービス計画などを準備します。さらに次の5つのケース検討資料も必ず準備をして臨みましょう。

①ジェノグラム（家族関係図）

　ジェノグラムで本人の家族関係と家族史を把握します。本人の家族だけでなく、本人・配偶者の親族関係（兄弟姉妹関係、甥姪関係）まで網羅する（横に広げる）ことで親族内の**支え手の発見**につながります。

支え手の発見

②家の間取り図、居室の配置図

　居室内の家具などの配置図だけでなく家の間取り図を資料とすることでトイレや風呂場、玄関、家の周囲の**動線**を把握することができます。

動線

③支援展開図（エコマップ）

　家族を中心にしたジェノグラムを描き、本人（家族）を支援する多様な資源（例：介護、医療、地域、民間サービスなど）を見える化します。

④支え合い地域マップ

　支援を必要とする利用者（家族）の住居を中心に、近所・近隣の支え手、地域の社会資源、散歩コースなどを住宅地図に**マッピング**したものです。「地域の支援ネットワーク」を検討するときに効果的な手法となります。

マッピング

⑤課題整理マトリクス表

　支援の内容や担い手、**緊急性**などをマトリクス表で整理します。

緊急性

2 話し合いを深めるための「5つのケース検討資料」

1）ジェノグラム

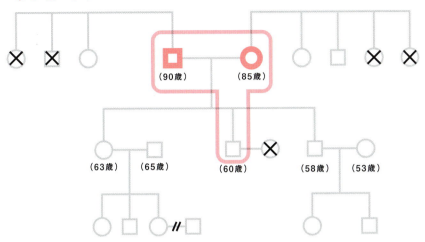

2）家の間取り図と居室の配置図

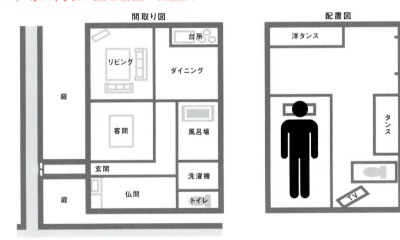

3）支援展開図（エコマップ）

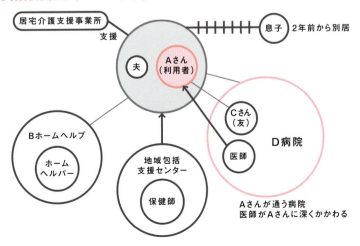

4）支え合い地域マップ

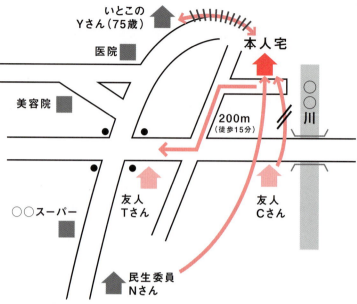

　支え合い地域マップとは、支援を必要とする利用者の居宅から、近所・近隣の支え手となる住民や家族・親族、地域の社会資源、行政資源、なじみの場所・なじみの人などを住宅地図にマッピングしたもの。今の関係を「━、―、・・・」や「／、∥、～」などの線種で表し、状況や経緯を書き込む。ジェノグラムやエコマップでは描けない「地域の支援ネットワーク」を検討するときに効果的である。

5）課題整理マトリクス表

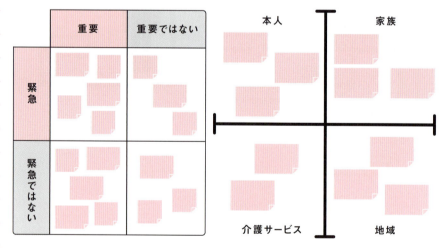

参加者に書いてもらった付箋紙を重要度と緊急度で整理する方法。
・重要であり緊急に対応する
・重要だが緊急ではない
・緊急だが重要ではない
・緊急でもなく重要でもない
ゾーニングしてから、それぞれの領域ごとに話を進めていくので効率的である。

ブレーンストーミング（p.47参照）で自由に出されるアイデアをカードに書き込み、見出し別に整理する。参加者に書いてもらったカードを整理するのでもよい。また関連性の深いカードをグルーピングし、グループの内容を適切に表現する見出しをつけるのもよい。

3 資料の「見せ方」

資料は紙の資料だけでなく視覚的にわかりやすい機器を使いましょう。

1）プロジェクター、テレビ

プロジェクターやテレビとパソコンをつなぎ、パワーポイントや写真・動画を見せる。スクリーンは市販のミニスクリーン以外にもホワイトボードや模造紙に映し出せるので便利である。

2）パワーポイント

パワーポイントにはグラフィック機能がある。あらかじめ図解化した資料等を映し出し、話し合いの内容を直接パワーポイントに書き込むのもよい。

3）写真、動画、音声

自宅や地域での利用者の暮らしぶり、機能訓練の前後や改善の状況を写真・動画で見せる、といったことができる。

第 **10** 節　議事録のつくり方

　どのような会議でも議事録は必ず作成しなければなりません。
　議事録とは、開かれた会議で話し合った議題に関する協議の内容と結論が簡潔にまとまった文書です。様式は決まっていることが多いので文章の構成や表現などはオリジナリティを出すことなく客観的な事実を記入しましょう。
　協議した内容の記憶が鮮明な一週間以内に作成し、参加者および関係者に配付することがポイントです。

1　議事録の目的

　議事録とは会議の記録のことです。他の人（上司、ケアチーム、利用者・家族、行政等）が読んでも「何がどのように話し合われ、何が決まったか」がわかる内容になっていなければなりません。特に保険者の実地指導ではサービス担当者会議の議事録は重要視されます。しかし作成することを目的とせず、どのように活用できるかを意識しましょう。
　・読むと会議の内容が「共有」できる
　・会議の内容が「整理」されていてわかりやすい
　・会議で決まった結論の「根拠」として活用できる
　・話し合った「事実」の確認に活用できる

根拠書　とりわけサービス担当者会議の議事録の内容はチームケアの**根拠書**となる文書なので、事業所責任者は内容を確認しサインまたは捺印をします。
　議事録は、基本的には「標題→協議内容→結論」を書きます。必要に応じて結論の前後に「説明・理由・発言」を箇条書きで記載します。
　基本的にはいかなる会議でも進行役とは別に議事録を作成する人を用意するのが理想です。進行役はあくまで話し合いのファシリテーションに集中するべきであり、客観的な視点から会議全体を記録するのが議事録担当者の役割だからです。

席順のイラスト化

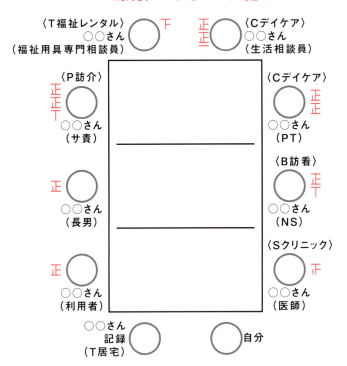

2 議事録作成の「5つのステップ」

　議事録には「形式（スタイル）」があります。会議の目的別スタイルから事業所・法人別のスタイル、専門職別スタイルまでさまざまです。ここでは、一般的な議事録作成のステップを学びます。

① 席順をイラスト化する
② 会議中は「要約したメモ」を取る
③ 大項目・中項目にあらかじめ分けておく
④ 小項目で発言・根拠・事実・主観などを含め結論を書く
⑤ 「言い換え、用語の統一、主語・指示代名詞の補強」を行う

1）席順をイラスト化する

　レジュメの席次だけでは「どこに誰が座っているか」がイメージできません。自己紹介のときに簡単な四角の囲み（☐）を描き、人数分の「○」を描き所属・氏名・専門資格などを書きましょう。

　このように視覚化することで参加者それぞれがどのような発言をしているかが確認できるようになります。できれば発言のたびに発言の回数を正の字でカウントしてみましょう。どの人が発言が多く、どの人が少ないかが具体的に数値化できるだけでなく、その人の発言のタイミングにパターンがあることもわかります。

視覚化

正の字

2）会議中は「要約したメモ」を取る

　議事録作成担当者は、会議中はメモを取ることに集中します。ノートよりも、大きめの付箋か配付用のレジュメ（Ａ４判１枚）の議題ごとにスペースを空けた「記録用レジュメ」（Ａ４判３枚～５枚）に記載します。あるいはノートパソコンを持ち込み、発言内容を直接入力すれば手間も省けます。

- 事実を曲げずに取り出し「要約」して記載する
  　象徴的な用語、キーワード、キーフレーズ、言い回し、語りそのもの
- 話の流れを意識して記載する
  　蒸し返しの発言、揺り戻しの発言などもあるので、後で加筆できるようにスペースを空けておく
- 事実と主観（感想、印象、推測、憶測、予測など）を分ける

3）大項目・中項目にあらかじめ分けておく

　記載にあたり大項目と中項目に分けておきます。

- 大項目：議題「〇〇〇〇の件」「〇〇〇〇について」
- 中項目（検討事項）：「支援課題」「支援目標」「支援内容」「分担」「期間」　など

4）小項目で発言・根拠・事実・主観などを含め結論を書く

　小項目では実際に話し合った内容を記載します。

- 発言（一般的に発言者名は記載しないが特徴的な発言を列挙する）
- 結論（合意されたこと、決まったことを記載する）
- 具体的（６Ｗ１Ｈ１Ｒ）（p.53参照）に記載する

5）「言い換え、用語の統一、主語・指示代名詞の補強」を行う

　会議を録音して文字化すると抽象的な言い方や専門用語、業界用語、一部の人たちにしかわからない言い回し（スラング）が多いことに驚くでしょう。では、なぜそれで話し合いが進むのか。それは「顔の見える関係」だからです。ところが議事録は後で読み直してわかる記載でなければいけないので、次の「３つの補正作業（**手直し作業**）」を行いましょう。

- 「**言い換え**」を行う
  　〇〇さんを支援する→例：介護する、声かけする、ほめる、応援する
- 「**用語の統一**」を行う
  　更衣→着換え　　　寝衣→寝間着、パジャマ
  　評価する→観察する、変化をみる
- 「主語、ＡＤＬ・ＩＡＤＬ、指示代名詞の**補強・補充**」を行う
  　家族・親族→夫・妻・兄・姉など　　　娘→長女、次女、個人名
  　息子→長男、次男、個人名　　　家事→料理、洗濯、掃除
  　これ→入浴　　　そこ→背中

「要約したメモ」から議事録へ

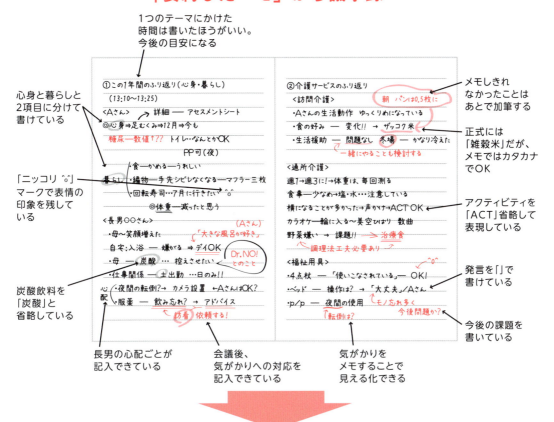

会議出席者	所属（職種）	氏名	所属（職種）	氏名	所属（職種）	氏名
	本人	○○××		○○○○		
	○○クリニック（医師）	山本○○	○○クリニック（医師）	針山○○	○○クリニック（医師）	佐藤○○
	△△薬局（薬剤師）	栗田○○	△△デイサービス（生活相談員）	加藤○○	○○訪問介護（サービス提供責任者）	鈴木○○
	××福祉用具（福祉用具専門相談員）	三浦○○	××居宅介護支援事業所（介護支援専門員）	上坂○○		
検討した項目	①Aさんとご家族のこの1年間の心身の変化と暮らしの変化および介護サービスの振り返り　②主治医から今の病状の説明とこれからの予測と提案　③居宅介護サービス計画書説明と協議　④個別サービスの利用状況と今後の課題や提案　⑤これから予測できるリスクと対応について						
検討内容	① この1年間の心身の変化と暮らしの変化および介護サービス等の振り返り ・Aさん：12月から足のむくみがとれていない。PPトイレは使える。食はなんとか噛める。5月になれば回転寿司に行ってみたい。手先の痺れがなくなりマフラーを3枚編めた。体重は減っている。 ・長男：笑顔が増えた。自宅の風呂は嫌がるがデイサービスの大きな風呂を気に入っている。薬の飲み忘れが増えているよう。仕事の関係で日曜日のみになりそう。夜間の転倒が心配なので据え置きカメラはどうかと考えている。 ・訪問介護：生活動作はゆっくりめになっている。生活援助は一緒にできること(掃除)はやっていきたい。食の好みは改善し、雑穀米もなじんできたようだ。冬場がかなり冷えたので心配だった。 ・通所介護：デイサービスにも慣れ10月から週1回から3回に増えた。はじめは横になっていることも多かったが、声かけを増やし、アクティビティやカラオケにも参加され、得意の美空ひばりの持ち歌を数曲披露。食事は少なめな時あり。塩分・水分を注意した治療食が好みではないか。工夫をしたい。 ・福祉用具：4点杖は使いこなされている。ベッドの操作にも慣れられた。夜間のトイレが間に合わないので12月にPPトイレを導入。問題なく使えている。						

COLUMN

発言の仕方
～「わかりやすく」発言する～

会議に苦手意識を持つ人は「発言するのが嫌」と言います。しかし会議は以心伝心やあうんの呼吸で進むわけではありません。話しやすい雰囲気をつくるのは実は進行役ではなく参加者です。ある会議では進行役のあなたも、別の会議では参加者になります。発言を求められたときに気後れすることなく発言できる技術を進行役で身につけておけば、会議のときに他の参加者の発言の不十分さに気がつきフォローに回ることもできるはずです。

発言の7つのコツで「わかりやすく」発言する

発言するのが嫌という人の本音は「何を発言していいかわからない、どのように発言していいかわからない」ということだけでなく、「間違ったことを言わないか不安」という自信のなさにあるでしょう。

そこで、次の7つのコツを意識してみましょう。それだけであなたの発言はわかりやすく、よい印象を持ってもらえます。

❶ 事実・思い、印象・感想の順序で話す

多くの人は「発言とは意見を言うこと」という思いにしばられすぎています。会議でいきなり意見・提案を述べろと迫られると苦手意識のある人は萎縮するだけです。ならば意見ではなく、そのテーマに関して自分が知っている事実（手持ちの情報）を情報提供する発言や、自分の思いを話すことをしてみましょう。事実や思いは意見ではないので話しやすいでしょう。

さらに、話し合うテーマや他の発言についての自分なりの「印象・感想」ならば、すぐに発言できるでしょう。また、他の人の発言に相乗りして、同じ視点で話す、違った視点で話す、逆の視点で話すなどしてみるのもよいでしょう。参加者の立場でも進行役になりかわって次のような質問をしてみるのもよいでしょう。

・「○○さんが△△についてどのような思いや印象を持たれたのか教えていただけますか？」

❷ 立場を言ってから話し始める

公的な会議に個人の立場で参加する人はいないでしょう。誰もが何らかの肩書や組織の立場で参加しています。しかし、この立場を意識すると「私ごときの立場では発言できない」とブレーキがかかってしまうことがあります。

そこで、発言のはじめに話す立場（立ち位置）を示すと話しやすく、また、聞き手もどの立場で話しているかがわかり、安心して聞くことができます。

・「ケアマネジャーの立場から発言します。」
・「ケアチームの一員として発言します。」
・「地域包括支援センターの立場から言えることは……ということです。」

❸ 冒頭にクッション言葉をつける

発言をするとき、色々と配慮しなければならないテーマや参加者がいます。話し合いの流れで発言に慎重さを求められるときもあります。

そのようなときに、話し始めの冒頭にリスクマネジメントとしてクッション言葉をつけると、自分のスタンスをはじめに伝えているので「どのように受け止められているだろうか」という不安を減らすことができます。

・「おっしゃることはわかりますが……」
・「確かにそのようなお考えもあると思いますが、例えば……」
・「間違っていたらご指摘いただきたいのですが、私が思うには……」

❹ つなぎ会話や複文でなく単文でシンプルに話す

わかりにくい話し方をする人の特徴は「ダラダラと長い話」となってしまうことです。単文で話すのでなく、単文を接続助詞（例：が、なので、ということで等）や接続詞（例：さらに、つまり、たとえば等）で幾度もつなげて話す人です。

さらに複文の話し方を好む人も要注意です。複文会話は文の中にもう1つの文が入る入れ子構造なので、主語が誰かがわかりにくくなりがちです。単文中心にできるだけシンプルに話すようにしましょう。

〈つなぎ会話→単文会話〉

▼×：接続助詞・接続詞で「つなぎ会話」になる
「私は、それについては○○と思うのですが、考

COLUMN

えてみると〜〜ともいえるわけですから、やはり、〜〜の視点も重視するべきだと考えると同時に〜〜の見立ても無視はできないと思います」

▼◎：単文にバラして話す
「私は、それについては○○と思います。しかし、考えてみると〜〜ともいえます。やはり、〜〜も重視するべきだと考えます。それと同時に〜〜の見立ても無視はできないと思います」

〈複文会話→単文会話〉

▼×：複文会話で話す
「○○の仕事をされてきたＡさんは、〜〜であるＢさんとは20年来関係が悪く、ここ１年、何事につけても口論になってしまうのは、認知症が進んでしまっているからではないでしょうか？」

▼◎：単文会話に分解し主語を加筆
「Ａさんは○○の仕事をされてきました。Ｂさんは〜〜をされてきました。ここ20年来、２人の関係が悪く、ここ１年、何事につけても口論になっています。その原因はＡさんの認知症が進んでしまっているからではないでしょうか？」

❺ **専門用語はひらがな言葉で話す**

私たちが話す日本語文は「和漢混合文＋和製英語・仏語等」で構成されています。つまり漢語と和語（やまとことば）に英語やフランス語などが混ざった会話をしているのです。

文章のように文字になれば意味を理解することはたやすいですが、発言はすべて喉から発声された「音」のみです。つまりひらがな文字の音の連なりを、文脈に従って脳内で瞬時のうちに「漢字＋ひらがな＋カタカナ」に整理し意味を理解しています。

そこで問題となるのは同音異義語です。同じ「ひらがな音」でも複数の漢字用語があるため、難解な漢字だったり滑舌が悪いと誤解や解釈ミスが起こってしまうことになります。

特に専門用語は独特の言い回しと表記があります。できるだけ専門用語はひらがな言葉で話すことを心がけましょう。

〈同音異義語：例〉
・しんこく→深刻、申告、親告
・しんこうじょう→進行上、信仰上
・けいちょう→傾聴、慶弔、軽重
・ほこう→歩行、補高

〈専門用語〉
・飲水→水を飲む
・汚染する→汚す、汚れる
・傾眠する→うとうとする
・臥床する→横になる、寝る
・仰臥位→あお向け

❻ **発言に「名札」をつけて話し始める**

発言するときに、何を話し始めるかを冒頭で告げることで聞き手は身構えることなく話し合いに参加することができます。

次のように発言に「名札」をつけて話し始めましょう。
・「１つ質問があります」
・「提案があります」
・「エピソードをお話しします」
・「１つの見立てとしてお聞きください」

❼ **結論を言ってから話し始める**

話し方には結論を冒頭で告げてから、その後に状況・経緯・原因・理由など話し始める結論話法と、状況・経緯・原因・理由などを話してから最後に結論を話す帰納話法の２つがあります。

講演ならば聞き手を引きつけるうえで帰納話法は効果的ですが、会議では「何を言いたいのか」が終わりまでわからないので聞き手もイライラして、とても非効率的です。

そこで、結論話法を取り入れると聞き手は安心して聞くことができるだけでなく、発言にブレや洩れを防ぐ効果が期待できます。

〈結論話法〉
「私はデイサービスでＡさんには音楽療法を取り入れたケアを提供してもらうのがよいと考えます。その理由はＡさんの不安は〜〜から出ていることもあり、主治医からも〜〜がよいだろうという提案をいただいているからです」

第4章

会議の進め方
パズルで構造化する

1 話し合いの要素を「パズル」で見える化
2 情報を共有する
3 認識を一致させる
4 問題を発見し原因を分析する
5 思いを一致させる
6 調整・交渉をする
7 問題を解決する
8 意思を決める
9 計画を立てる
10 仕組みを話し合う
11 未来志向で話し合う
12 ブレイクスルー式で話し合う
13 悪循環となる話し合いの切り抜け方
14 苦情・クレーム対応を話し合う

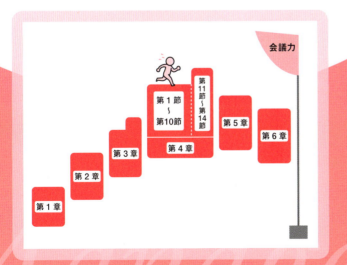

第1節 話し合いの要素を「パズル」で見える化

1 進行役は「荒れた航海」に乗り出す舵取り役である

　会議の典型である情報共有の会議は、比較的形式的に進めることができます。内容に関する質問と回答のやりとりが行われるだけですから、予定どおりに進まないような「荒れた航海」になることはあまりありません。

　ところが、ケアマネジャーの会議は情報の共有をするだけではありません。顔ぶれもさまざまですから、まずは関係づくりに配慮が必要です。対立したり、認識に誤解やズレがあったり、緊急な話し合いに焦りが伴えば、ついつい感情的な発言も飛び出すでしょう。すると雰囲気は実に複雑になります。

　そして、次のような話し合いでは、さらに切迫した空気となります。

- ・方針や目標を決める
- ・実行計画をつくる
- ・担当を決める
- ・予算などを決める

　これらは何らかの行動や責任を伴うため発言も切実です。これでは、形式的に事前に予定したとおり会議が進むことはないでしょう。まさに「嵐で荒れる海」状態になります。会議には羅針盤のような便利なものはありません。そのため、進行役の実力が試されます。進行役は海原に舵を取る航海士として、その「窮地」にどのように立ち向かえばよいでしょうか。

　まず、進行役はいかなる「大きな波」が目の前に押し寄せてきても、あわてたり焦ってはいけません。その雰囲気が会議の空気をつくるからです。

9つのパズル

　そのために、第4章では、話し合いの要素を **9つのパズル** に整理しました。「会議が大荒れ」になる原因を「9つのパズル」から探し出し、「欠けたパズル」について参加者と一緒に立ち止まり話し合いましょう。会議の時間が多少延びても、結果的に話し合いを深めることになります。

話し合いの4つの手法

　そして **話し合いの4つの手法** を活用して上級クラスの話し合いのスキルを身につけましょう。

2 話し合いは9つのパズルの組み合わせで進む

　話し合いの要素を「9つのパズル」で整理することができます。すると、なぜ今、話し合いが暗礁に乗り上げたのか、なぜ不規則な発言や、トラブル発言があるのかがわかります。「今どのパズルが不十分なのか」を察知し、埋め合わせの話し合いで難局を乗り切り、「充実感のある話し合い」「成果のある話し合い」の場にすることができます。

> ▼話し合いの9つのパズル
> ①情報を共有する　②認識を一致させる　③問題を発見し原因を分析する　④思いを一致させる　⑤調整・交渉をする　⑥問題を解決する　⑦意思を決める　⑧計画を立てる　⑨仕組みを話し合う

3 「欠けているパズル」を発見して「トラブル発言」を乗り切る

　話し合いとはとても構造的なものです。だからこそ、「9つのパズル」のどれかが欠けていると「話し合い」に不全感が生まれ迷走を始めます。「欠けているパズル」「不十分なパズル」を発見するポイントは、覇気のない表情やチグハグな話し合い、発言の乏しさや着地点の見えない話し合いにあらわれます。進行役は「欠けているパズル」「不十分なパズル」を発見し、それをきっかけに話し合いを深めるチャンスにしましょう。

　トラブル発言は予想外のタイミングで発せられます。しかしそのタイミングでしか発言できなかったのなら、それは**グッドタイミング**なのです。「**バッドタイミング**はグッドタイミング」と受け止め、少し立ち止まって「欠けているパズル」「不十分なパズル」を埋め合わせる作業を行います。

【トラブル発言から欠けたパズルを発見する】

1）「それ聞いてないんですけど」

　この発言からは話し合いの内容が共有されていないだけではなく、自分は理解・納得できていない、自分がないがしろにされたことへの不満があることがわかります。声の強さや語尾のニュアンスで本人の戸惑いや怒りのレベルを把握し、共感的に対応すれば大丈夫です。

　・欠けたパズル：情報の共有（p.84参照）、認識の一致（p.88参照）

2）「それちょっと違うと思います」

　この発言の矛先は進行役の説明や参加者の発言、話し合いのテーマや流れだったりします。抗議っぽい人もいれば、フォロー気味に発言する人も

います。話し合いを「堰き止める」印象がありますが、勇気ある発言ともいえます。尊重して対応しましょう。

- 欠けたパズル：情報の共有（p.84参照）、認識の一致（p.88参照）、思いの一致（p.96参照）、問題の発見（p.92参照）

3）「理屈はそうでも私は動けません」

根拠や理由がはっきりしないと動けない人がいる一方で、「思い」が一致しないと動けない人がいます。論理的に積み上げる話し合いで起こりがちの発言です。なぜ理屈で動けないのかと問い詰めるのでなく、「思いの一致」の話し合いを数分間行いましょう。チームのまとまりとなります。

- 欠けたパズル：思いの一致（p.96参照）、調整・交渉（p.100参照）

4）「〇〇の問題の方向性が見えていないのにどうすればよいのですか？」

認識が一致して問題の原因が整理できても、計画づくりに移ろうとすると出てくる発言です。「方向性」とは「姿勢、スタンス、重点目標」です。方向性を定める前に多様な見立てと手立ての話し合いが必要です。

- 欠けたパズル：問題の発見と原因の分析（p.92参照）、問題の解決（p.104参照）

5）「いつ、そうすると決まったのですか？」

意見や提案がたくさん出て話し合いが盛り上がっているときにこの発言がされます。行動を起こすための話し合いでは必ず意思決定が求められます。しかし「決める」となると途端に緊張した空気になります。明確な意思決定をしないまま計画づくりの話し合いに進むと「成り行きで決まった」という雰囲気が参加者の不全感と不満を生みます。

- 欠けたパズル：意思を決める（p.108参照）

6）「それぞれ、何を誰がどう始めてよいかわかりません」

進行役の雑なまとめ方の1つに「ではそれぞれで十分考えてがんばってください」があります。これでは何をどのようにやってよいかがわからないだけでなく、他の参加者（部門、事業所）の取り組みもわからないので、チームのまとまりや連携のチャンスを逃すことになります。

- 欠けているパズル：計画を立てる（p.112参照）

7）「今後、同じことが起こってもあわてないように、何か対策を考えたほうがよいと思います」

この発言は問題解決の話し合いの途中で唐突にされることがよくあります。まだ意思決定や計画化の話し合いをしていない段階では横道に逸れるきっかけとなるので後回しとします。

- 「それについては今の方向性と対応策（取り組み）が決まった後に話し合いたいと思いますが、いかがでしょうか？」

・欠けているパズル：仕組みを話し合う（p.118参照）

4 「4つの進行のスキル」で「話し合いの質」をレベルアップする

　話し合いが暗礁に乗り上げたときに「欠けたパズル」を探し出すことで窮地を乗り切ることができますが、進行のスキルを活用することで効率的に進めるだけでなく、「話し合いの質」をレベルアップさせることができます。

【4つの進行のスキル】

1）「本当にできるんですか？」→ 未来志向で話し合う（p.122参照）

　問題解決の話し合いは過去に引きずられた話し合い方になりがちです。この発言はその典型です。対応を失敗するとできない理由ばかりが話され、途端に暗礁に乗り上げます。まずゴール（あるべき姿）を決め、過去と現在をポジティブに分析し、計画を具体的に話し合う未来志向の話し合いで対応しましょう。

2）「これをやることにどういう意味があるんですか？」
**　→ ブレイクスルー式で話し合う**（p.126参照）

　ささいなテーマで話し合いをしているときに、この根源的で深い質問に進行役として対応にあわててしまいがちです。しかし話し合いを深めるチャンスともいえます。話し合いにどのような価値と意味があるのか、その価値や意味を形にするために何からどのように始めればよいか、を問いかけるブレイクスルー式話し合いで対応しましょう。

3）「前例もないし、トラブルになったらどこが責任をとるのですか？」
**　→ 悪循環の切り抜け方**（p.130参照）

　発言はどれもが前向きなわけではなく、前例主義や形式主義、横並び主義や事なかれ主義、言い訳主義などの傾向を持ったネガティブ発言がよくされます。前向きに話し合いを進めたい進行役としては「ブレーキをかける発言」に泣きたくなるときがあります。この悪循環には「逆手にとる」対応で、切り抜けることが可能となります。

4）「○○さんの苦情がしつこくて、とても迷惑しています」
**　→ 苦情・クレーム対応**（p.134参照）

　苦情・クレーム対応の話し合いは「起こってほしくないこと」なので落ち込んだ重い空気に包まれます。そして原因探しが犯人探しになることで個人攻撃となってしまい、本来の会議の目的があいまいになります。進行役と参加者が苦情・クレーム対応の意味を理解することで権利擁護やサービスの質の改善、質の向上を図るチャンスとすることが可能となります。

第2節 情報を共有する

　情報とは「事実」そのものです。話し合いは「情報の共有」から始めると、冒頭から発言を引き出すことができます。情報には意見・提案などの主体的な姿勢や意思、対応への判断や考え、評価を示す必要がなく、誰もが発言できるからです。

　「情報の共有」によって参加メンバーの「目線合わせ」が可能となり、話し合うテーマの認識を一致させることができます。

1　「情報の共有」の3つのステップ

　しかし、参加者各自が一方的に発表していても、それだけでは情報の羅列でしかなく共有にはなりません。情報を「共有」するためには、次の3つのステップを踏みます。

①情報の収集（発表し合う）
②情報の整理（分類する）
③情報の分析（原因・要素・要因、背景・経緯、環境などを話し合う）

1）情報の収集

　情報というと整理され文書化されたものをイメージしがちですが、情報には未整理のものも含まれます。

　情報を次の4つに大きく分けて、頭に描きながら参加者の話を聞いていると、さらに新たな情報を引き出すことができます。なお、その際に、発言者自身がどのような印象を持ったか（第六感）も大切な情報となります。次のように引き出しましょう。

①**本人の五感＋第六感（印象・感想）から収集した1次情報**

　・視覚情報……例：部屋の様子、歩く動作、食事の動作、排泄の動作、話しぶり、表情の変化、座っている姿勢など
　「○○さんにはどのように見えましたか？」
　・聴覚情報……声の印象（例：明るい、暗い、楽しい、悲しい、怒って

（余白註：第六感）

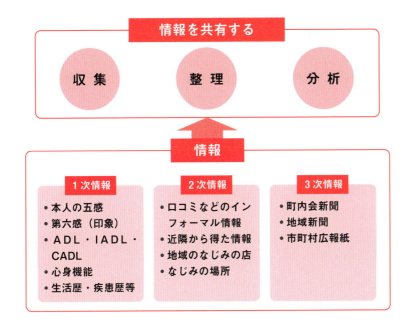

いる、苦しい）、話す言葉、話す速度、話の内容など
「○○さんにはどのような声の印象でしたか？」
・嗅覚情報……におい（例：尿臭、便臭）など
「○○さんはそのにおいから何を感じましたか？」
・味覚情報……辛い、甘い、渋い、酸っぱい、苦い、塩辛いなど
「ご本人はどのような味に思われたのでしょう？」
・触覚（知覚）情報……痛い、しびれる、熱い、冷たい、冷える、熱っぽい、だるいなど
「ご本人の体調はどのような印象でしたか？」
・第六感情報……本人の様子（例：悩み、怒り、迷い、不安など）
「ご本人を前にあれっ？と思ったことをお話しいただけますか？」

②目的を持って収集した１次情報
・ADL、IADL、CADLのアセスメント情報
・心身機能のアセスメント情報
・生活歴、生活習慣、疾患歴、家族情報、家計情報など

③口コミなどのインフォーマルな２次情報
・近所近隣とのかかわり情報や口コミ情報
・地域のなじみの店やなじみの場所などの情報

④地域紙や広報紙などで公になっている加工された３次情報
・町内会新聞、地域新聞、市町村の広報紙など

「情報ソース（情報源）」の把握は重要です。その情報がどのような情報源から発信されているか、誰から入手したのかも明確にしましょう。

> - 1次情報：本人、家族、近所近隣、ケアチーム、医療チームから直接入手した情報
> - 2次情報：第三者から入手した情報。第三者の主観、解釈、印象などが含まれることがある。それを含めた情報として扱う
> - 3次情報：1次情報から1人以上の複数の人間が介在した情報。地元紙や広報紙などで紹介された地域情報がこれにあたる

2）情報の整理

素材　情報はそのままでは素材でしかありません。参加者から話される情報は本人の五感から話される主観的な情報から客観的な情報、口コミや噂レベルまで未整理のままで話されるからです。

　これらの情報を「いくつかの視点」「いくつかの領域」で整理することで情報の分析のプロセスに進むことができます。

　情報の整理ではKJ法（p.47参照）やグルーピング手法（p.66参照）などがとても便利です。

〈例〉
▼利用者支援
・急ぐこと、時間をかけること、深刻なこと、意欲的になれること
・本人が行うこと、家族が行うこと、ケア資源が行うこと、医療チームが行うこと、民間のサービスが行うこと
▼家族支援
・急ぐこと、時間をかけること、家族が学ぶこと、ケア資源が行うこと
▼地域支援
・近所近隣、なじみの店、なじみの友人・人間関係、ボランティア関係
▼プロジェクト
・ひと・ネットワーク資源、時間資源、お金資源、モノ・環境資源など

3）情報の分析

　情報の分析とは「原因、要因、背景・経緯、環境」を解き明かすために行う作業です。分析の段階で進行役は**問いかけ**で深めます。

問いかけ
・原因：「そうなった原因にはどのようなことが考えられますか？」
・要因：「それらを分析するうえで、どのような要因を押さえておかなければいけないと考えられますか？」
・背景・経緯：「そのように至った背景とこれまでの経緯を聞かせていただけますか？」
・環境：「それはどのような環境で行われたのですか？」

2　話し合いの流れ

情報の共有のための話し合いは次のような流れで行います。
①協議に入る前に行う
②情報不足がわかったときに行う
③情報の共有は理解・解釈まで踏み込む

1）協議に入る前に行う

　情報の共有は、協議に入る前に行います。話の流れをつくるためには**発言しやすい空気**をつくらなければなりません。情報とは意見でなく「過去の事実」や「整理されたデータ」ですから、比較的事務的に伝えてもらってもよいでしょう。

〈**手持ち情報**・データの発表〉
- 「では、参加された皆さんそれぞれがお持ちの情報（データ）の発表から始めたいと思います」
- 「事前に準備をお願いした情報（データ）をまずは全員で共有するために、それぞれから発表いただき、それから協議を進めたいと思います」

2）情報不足がわかったときに行う

　協議中に「話がかみ合わない」「全員が参加していない」という雰囲気になることがあります。その多くは「情報不足」が原因です。そのまま話し合いを続けても生産的でなく、**不全感**が漂うだけです。

　進行役として察知したら、タイミングを見て、情報の共有化の時間を数分〜7分程度で持つようにします。特に参加者のなかに未経験者や初めての顔ぶれがいる場合は**小まめな配慮**をするようにします。

〈察知した段階〉
- 「○○の点について、一部、認識にズレ（ギャップ、距離）があるようです。ですので、○○のことで皆さんがご存知の情報をお話しいただけないでしょうか？」

3）情報の共有は理解・解釈まで踏み込む

　情報を共有するとは「理解・解釈」が一致することです。「嚥下困難」でも、飲み込む力が弱っている、喉や口腔内に炎症がある、食材を小さく噛みつぶせない、などでその理解は異なります。情報を共有するために進行役は「理解・解釈」の例を示すか要約を行い、これでよいか、と確認を取りましょう。

〈確認を行う〉
- 「○○の点については、〜〜と理解（解釈）してよいでしょうか？」
- 「今、話されたことは、〜〜と考えてよいでしょうか？」

発言しやすい空気

手持ち情報

不全感

小まめな配慮

4　会議の進め方　〜パズルで構造化する〜

第3節 認識を一致させる

　会議でかみ合っていない議論になるときがあります。例えば、声は大きくハキハキしていても、何を言いたいのかがわからない、ちょっとテーマとズレているという人に出くわす瞬間です。それは話し手と聞き手の認識が一致していないか共有できていないことから起こります。そのために話し合いに**微妙なズレ**が生まれ、迷路に迷い込むことになります。

　発言の多い少ないに関係なく、全員で認識の一致と共有がされないと話し合いは進みません。そのコントロールが進行役の働きなのです。

1　ズレを生む「4つの要因」を見抜き認識の一致と共有を目指す

　認識とは「知っている、理解している」ことです。ところが話し手と聞き手が同じ認識をしているとは限りません。会議で「認識のズレ」を発見したら、すぐさま発言者に質問したり説明を求めることをしましょう。わずかな認識のズレが数分後の**かみ合わない議論**を生んでしまうかもしれないからです。まさに会議では「あいまい言葉の**目利き力**」が求められます。

〈ズレが生まれる要因〉
① 6W1H1Rの認識が違う
② 着目点が参加者の属性（例：専門性、経験、年齢、立場）で違う
③ 用語の定義や理解が違う
④ 「バイアス（偏り）」で解釈しようとすることでズレが生まれる

1）6W1H1Rの認識の違いを補正する

　認識のズレが生まれる代表格は「6W1H1R」（p.53参照）です。進行役は発言内容をよく聞き取り、あいまいな表現やあいまいな人称代名詞、抽象的な理由・結果の表現であれば、発言の終わりに質問をしましょう。

・主語：「今、話されたご家族とはご長男のことですか？」

- 時期：「朝方とは何時くらいですか？」「最近とはいつ頃ですか？」
- 頻度：「しばしばとは週何回ですか？」「しばしばとは何分おきにですか？」
- 場所：「屋内とは台所ですか？なじみの店の名前は？」
- 理由：「下肢筋力の低下をもう少し具体的にお話しいただけますか？」
- 目的：「料理をつくりたいとのことですが、どのような料理ですか？」
- 状況：「どのように○○の料理をつくられているのですか？」
- 思い：「料理をつくりたいご本人の思いを聞かせていただけますか？」
- 結果：「どのような料理をつくれたのですか？」

2）ケースの着目点を参加者の属性で補正する

事例検討会や会議では参加者によって「着目点」は異なります。参加者の専門性や経験、価値観、年齢、立場などが影響します。着目点が違うということは「多様な視点」があるということです。しかしそれが共有されなければ、ただの**ズレた視点**になってしまいます。

あるケースの理解にあたり、それぞれの専門性や立場、経験などから**自分の認識**を話してもらうことで「多様な認識」を共有することになります。その際、進行役は「なるほど！」「とても参考になります！」「その視点は○○の専門性ならではですね」などと**リアクション**しましょう。

- 見立て：「ここ1週間、食事の量が減っているということです。口腔ケアの視点（例：体調の視点、介護職の視点）からどのように分析されますか？」
- 手立て：「この1か月で食事の量を改善するには、介護職の立場（例：栄養士の立場、家族の立場）でどのような手立てが考えられますか？」

3）用語の定義や理解を補正する

専門職が参加する会議では専門用語が頻繁に交わされます。医療チームにとって当たり前の用語や言い回しが介護チームにはわかりにくかったりします。また介護職や行政職の言い回しが利用者（家族）や地域住民にはわかりにくいことはたびたびあります。

専門用語や特別な言い方・言い回しがあれば、進行役は発言の途中でもタイミングを図って「説明」をしてもらいましょう。決して進行役が説明をしてはいけません。あえて発言する人に**イエローカード**（難しい）を出すことで、それ以降の話し方にも配慮が生まれるからです。

- 「すみません、今、話された○○の言葉をご説明いただけますか？」
- 「今、話された薬の効果と副作用を説明していただけますか？」

4）「バイアス」は多様な質問で補正する

私たちの認識には日常生活でも何らかの「バイアス（偏り）」がありま

す。新聞やテレビなどメディアが流す情報の偏り、コメンテーターが話す偏りが私たちの理解に何らかの影響を与えているからです。

進行役は参加者の発言のなかの「バイアス」を見抜き、そのバイアスがどこからきているのか、なぜそう思うのか、そのバイアスを取り除いたらどのように考えるのかについて、質問手法を使って**ブラッシュアップ**を行います。審判的な態度からくる決めつけ（バイアスの一種）は本人（家族）の自立（自律）支援とは相反するものです。質問手法によって「誤り」に鋭く切り込むことも、ときには行いましょう。

そして重要なことは、バイアスは進行役自身にもあるということです。常に自問自答し、公正中立の立場に立つ姿勢が大切です。

〈代表的なバイアス〉
・先入観、決めつけ、思い込み、色眼鏡、偏見、羨望、レッテル
・憶測、推測、予測など
・第一印象（例：服装、表情、目つき）、耳にしたネガティブな情報

これらのバイアスには、「生育歴、学歴、職歴、家族構成、家族関係、友人関係、結婚・離婚・未婚歴、生活環境、近隣関係、経済状況、住所地、出身県」などが影響します。特に支援困難ケースなどでは、**マイナスのバイアス**が家族・近隣やケアチームに影響しています。進行役として利用者（家族）の強みやポジティブな面（強み、プラス面）に積極的に着目する進行を心がけましょう。

・「○○と考えられる理由をお話しいただけますか？」
・「Aさんが○○なのは職歴が〜だからというお考えからでしょうか？」
・「もし環境が○○でなければ、どういう行動をとったでしょう？」

❷ 「ジョハリの窓」手法で認識を広げる・深める・すり合わせる

参加者の「認識のレベル」を図るとき「ジョハリの窓」の手法を使うととても便利です。例えば、「支援チーム／地域」と「知っている／知らない」の4領域に分け、双方の認知レベルを見える化し、本人（家族）支援と地域支援の問題の解決に役立てようとする手法です。ホワイトボードに付箋紙を貼ってもよいし、進行役がイメージを浮かべ、参加者への「問いかけ」によって意見を引き出し、話し合いを深める手法もよいでしょう。

1）「開かれた窓」：Aは知っている、Bも知っている

支援チームも地域も知っている領域を「開かれた窓」といいます。参加者がどれくらい知っているかをあげてもらうことで関係の深さ、関心の高

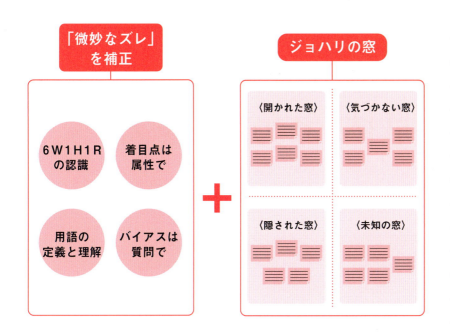

さを把握することができます。初めて知ることは「気づき」となります。
  ・「皆さんがご存知のことを発言していただけますか？」
  ・「ささいなことでも構いません。お１人３つあげていただけますか？」

２）「隠された窓」：Ａは知っている、Ｂは知らない

支援チームは知っているが地域は知らない領域を「隠された窓」といいます。個人情報のため、わざと伝えていないことが、利用者（家族）と地域の不安や不信を生んでいることもあります。支援チームができる範囲を開示することでおたがいがわかりあえる領域が広がります。
  ・「皆さんが不信に思われている点をお話しいただけますか？」
  ・「どういう点がわかれば安心ですか？」

３）「気づかない窓」：Ａは知らない、Ｂは知っている

地域は知っているが支援チームは知らない領域を「気づかない窓」といいます。地域が支援チームに率直にフィードバックすることでおたがいがわかりあえる領域が広がります。
  ・「支援チームとしてどのようなことが知りたいですか？」
  ・「支援チームとして何がわからないで困っていますか？」

４）「未知の窓」：Ａも知らない、Ｂも知らない

両者とも知らない領域が「未知の窓」です。これから話し合いで深めていく領域です。おたがいがどう協力・貢献すればよいか、これからの行動を話し合うことで関係性を強めていきます。
  ・「どのようにすれば○○さんのことを知ることができるでしょうか？」
  ・「それぞれどのような情報の把握や提供が役に立つでしょうか？」

第4節 問題を発見し原因を分析する

　問題解決の会議で、はじめに行うことは問題の発見と分析です。何が問題か、なぜ問題になっているのか、そして問題の原因は何かを明らかにしなければ解決のステップに行けないからです。この話し合いが不十分だと解決の取り組みの議論も不十分なものとなります。

1　「問題の本質」を見抜く

　問題とは期待する水準（求められる水準）と現状の水準の「差（ギャップ）」です。「期待値と事実の差」と呼んでもよいでしょう。「認知症のAさんが失禁をする」というのは事実です。「Aさんが失禁をしないようにする」という目標を掲げたときに、その事実が問題となるのです。ここで重要なのは、問題がすべて表面化しているわけではないということです。
〈問題の3領域〉
　①見えている問題（表面化している問題）
　②見えていない問題（表面化していない問題、隠れている問題）
　③設定条件で問題（条件設定により問題となる）
1）見えている問題（表面化している問題）
　見えている問題とは、すでに起こった出来事や行動です。それらがいつ発生し、どのような経緯があり、どのような影響を及ぼしているか、を深めます。1つの問題が複数の問題を引き起こしている場合もあります。
　ここでポイントになってくるのが参加者によって問題と感じるレベルに「差」があるということです。進行役は「問題」という言葉を使わず、次のように言い換えて参加者から意見を引き出してみましょう。
　・「○○で困っていること、手間取っていることは何ですか？」
　・「○○について心配・気がかりなことはどのようなことですか？」
　・「○○について改善したいと思うことはどのようなことですか？」

※ 欄外: 期待値／表面化

2）見えていない問題（表面化していない問題、隠れている問題）

見えていない問題とは、表面化せず隠れている問題です。表面化しない原因は、何かの力（家族、近所、組織など）が働いている、当事者が問題と感じていない、当事者が問題を発信するだけの力がない、ルール（仕組み）や関係に問題があるなど、さまざまです。

進行役は見えていない問題を表面化する問いかけをします。
- 「推測や憶測でけっこうです。もしかして起こっていそうな問題にはどのようなことがあると思われますか？」
- 「ご家族が何らかの事情で問題にしたくないことがありますか？」

3）設定条件で問題（条件設定により問題となる）

問題は「設定する条件」によっては問題となりません。つまり設定を変えることで問題をあぶり出すこともできれば、問題発生を予測することもできることになります。

進行役は設定条件を変えた問いかけを行い問題を浮き彫りにします。
- 「もし仮にご本人の意向ではなく家族の意向だったら、○○の行動はどのように考えればよいと思われますか？」
- 「もし仮に近隣で親しくされているBさんが入院されたら、Aさんの暮らしはどのように変わるでしょうか？」

② 問題を「マッピング」してつながりをつくり、「グルーピング」で関連を整理する

問題が単独で起こっていることはまれで、問題同士が影響し合い（共鳴）、**複雑化・深刻化**していることがよくあります。また1つの問題からいくつもの問題が発生している**共通項**がわかれば、1つの問題解決により複数の問題が解決することになります。

問題の要因をマッピングしてつながりをつくり、「内容の近さ」や「似かよったもの」でグルーピングすることで全体としての**つながり・関連**を浮き彫りにすることができます。一人ひとりが持っていた問題の断片が組み合わされ、漠然としていた問題の総体と原因を把握するのに役に立ちます。

複雑化・深刻化

共通項

つながり・関連

③ 「ロジカルツリー」で原因を整理・分析する

問題の原因を正しく特定することが大切です。よくある例として、ある人の発言に飛びついてはみたものの主観的で**偏り（バイアス）**があり、大きく方向がズレてしまうことがあります。とんだ見当違いということにな

偏り（バイアス）

りかねません。なによりこの段階で大きく間違っていては解決のステップで大きな無駄が生じかねません。

問題の種　要因を「Why（なぜ）」の視点で細分化することで問題の種を探し出し、空中戦にしないためにロジカルツリーで「見える化」します。

ステップ１：問題（議題）を設定する

　問題（議題）となっていることを左端の中心に記載します。
　・例：「通院していない」と記載

ステップ２：中項目を設定する

　次に「なぜ通院していないのか」、その理由を参加者と考えます。このときいきなり要因を細かく洗い出すのではなく、考えられる２種類〜６種類の主な要因か、考えるべき領域をあげます。
　・領域例：心身機能、移動、費用、家族

ステップ３：要因を細分化する

　次に要因の細分化を行います。参加者にそれぞれの領域ごとにどのような原因が考えられるかを分類し、項目ごとに話し合います。
　・分類例：体力・体調・疾患、距離・手段、家計・収入、長男・次男・長女

〈ロジカルツリーを作成する問いかけ例〉
　・心身機能
　　体力：「体力が落ちている第１の原因は何だと思われますか？」
　　体調：「体調がだるい原因で考えられることは何ですか？」
　　疾患：「体調に影響している疾患には何がありますか？」
　・移動
　　距離：「通院している病院はどのくらい離れていますか？」
　　手段：「以前はどのような手段で通院されていましたか？」
　・費用
　　家計：「経済的にきびしい事情で最も影響していることは？」
　　収入：「年金以外にどのような収入があるのですか？」
　・家族
　　長男：「長男の方が再就職できない理由は何でしょうか？」
　　次男：「次男の方はどのような仕事に就いていますか？」
　　長女：「長女の方の家族構成を教えてください」

　次に細分化された要因を分析し、解決策の話し合いにつなげます。なお、効率的に行うために、各自に付箋紙を５枚〜10枚程度配布し、「１枚１項目」のルールで書いてもらいます。ホワイトボードのロジカルツリーに貼りつけると参加者全員の意見を集約することができます。

マッピング・グルーピングの図解

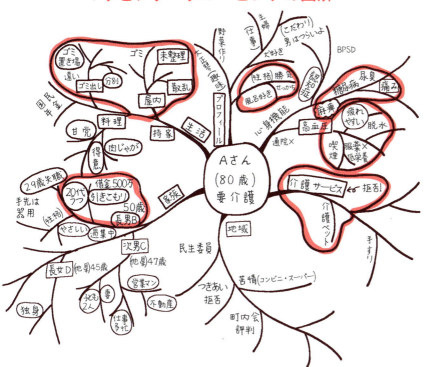

ロジカルツリー手法の図解

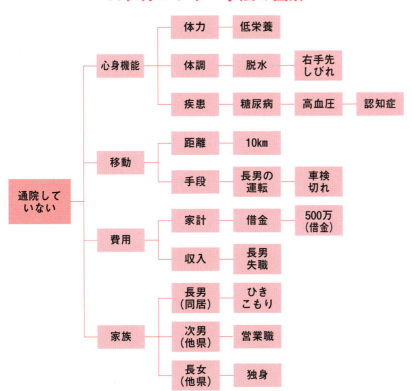

4 会議の進め方 〜パズルで構造化する〜

第5節 思いを一致させる

会議を進めていて、ふと「どこかしっくりこない」「他人事のようなムード」「ギクシャクしたムード」を感じることはありませんか？　それは会議のメンバーの「思い」が一致していないことから起こります。そのようなときでも、進行しなければいけないことがあります。しかし、事務的にテキパキと議題が処理できても、進行役がどこか違和感を抱いているなら、メンバーのなかにも同様の思いの人がいるものです。即効性や効率性ばかりを目指した会議をしていると、「立ち止まること」「回り道をすること」をつい無駄と考えがちです。

おたがいの考えを理解し、思いを一致させるためのプロセスは手間のかかるものです。しかし、その手間をはじめにやっておくか、気づいたときにやるかで、チームのハートの温度は違ってきます。

欄外メモ: 回り道／チームのハート

１ 思いの一致と尊重～同感・共感づくり～

話し合いでよく使われる言葉に「思い」があります。その使い方は色々です。「こういう思いでやりたい」と方向性として使う人もいれば、「私の思いは○○です」と思い入れで使う人もいます。注意したいのが、個人的な「思い込み」や「決めつけ」が強すぎて、他者に共感できない人です。

メンバーすべての思いが一致することは理想ですが、立場や経験、かかわる時間、情報量が異なれば、やみくもに一致を求めることは押しつけでしかありません。次の２つのステップを丁寧に進めましょう。

①同感づくり
②共感づくり

１）同感づくり

「同感です」というと一般的には同意・賛成のように使いがちですが、本書では厳密に「同じ感覚、感想を持つこと」とします。そのためにはほぼ同じ体験をしないことには同感は生まれません。ほぼ同じ体験をした者

欄外メモ: 方向性／思い入れ／ほぼ同じ体験

① 同感づくり	② 共感づくり	③ 価値観の尊重
天候 気温 季節 行事 イベント 地元ネタ	・場を再現 ・違いを尊重	・価値観に着目 ・価値観から発言へ ・一致、合意、条件

同士は相手に親しみを抱くことになります。さらに、同じ感覚や感想を持ったなら好感を抱くでしょう。会議でのメンバーが初顔合わせでも赤の他人として話し合うのか、ほぼ同じ感覚・感想を抱いた者同士としての「流れ」をつくるのかで話し合いの空気は異なります。

　会議の最初に誰もが同感できるような話題をふってみましょう。
〈例〉天候、気温、季節、行事、イベント、地元ネタなど
　・天候：「昨日はすごい大雨でした。車の運転は大丈夫でしたか？」
　・気温：「今朝はとても寒かったですね。皆さんはいかがでしたか？」
　・地元ネタ：「昨日の市民祭りに参加された方、いかがでしたか？」
　ニュースの話題もよいですが、政治、スポーツなどはそれぞれに感じ方が極端に異なるので同感づくりの話題としては避けましょう。

２）共感づくり

　共感とは、「それ、わかる！」という実感です。話し合いで共感づくりを行うのは、一体感をつくることができるからです。

　しかし進行役が参加者にいきなり「共感できませんか？」と話題をふってもそれは難しいでしょう。ほぼ似たような体験をしていないとより難しいことになります。そのためには、共感する側にイメージ化（見える化）が必要になります。イメージ化するために次のように工夫しましょう。

①場を再現する（イメージ化、見える化）

　共感とは聞き手に疑似体験に近い感覚を呼び起こすことです。他の参加者が自己の経験に沿わせて聞いていてイメージ化するためには、話し手に自分が抱いた感情だけではなく、なぜそう思ったか（感じたか）、具体的

な事実やエピソードを語ってもらうようにします。聞き手は具体的だからこそイメージができるのです。

・事実：「なぜ○○と感じたか、具体的にお話しいただけますか」
・エピソード：「最も**象徴的なエピソード**をお話しいただけますか」
・共感づくり：「今、お話しいただいた内容について皆さんはどのような感想（印象）を持たれましたか？ 3分程、話し合ってみましょう」

②違いを尊重する

共感づくりで注意したいことは、メンバーによって**感じ方**が違うということです。大切なのはその感じ方の「違い」を尊重することです。ベテランなら「実感に近い」感覚で受け止められることも、新人には難しいことがあります。専門性や世代・性別でも異なります。違い（個別性）の発見（気づき）が多様な見立てとなることもあります。

・違い：「○○さんなりに感じたことをお話しいただけますか？」
・尊重：「○○さんの〜〜のような受け止め方もとても大切ですね」

❷ 価値観の尊重〜発言から価値観を見つける〜

会議では価値観の違いから話がかみ合わないことが往々にして起こります。価値観とは私たちが行動するときの**判断と決断**の基準となるものです。**行動基準**ともいわれ、具体的には約120種類近くあるといわれます。

〈例〉

信頼、信用、努力、素直、誠実、約束、平和、協力、調和、成長、自由、自己実現、自己成長、夢、熱意、友情、愛情、尊敬、思いやり、貢献、感謝、美しさ、つながり、ゆとり、礼儀、評価、規律、倫理、正義、しきたり、伝統、独自、個性、冒険、楽しさ、世間、愛国心、受容、共生、健康、謙虚、挑戦、祈り、教え、信仰、自己決定など

これらの価値観は性格というより生育歴や生活歴、職業経験、読書歴、家族を含む人間関係、成功体験や失敗体験、さらに家族や組織での立場（立ち位置）などが深く影響しています。本人なりにこだわる価値観は、誰もが5個〜10個くらいは持っていて、場面によって優先順位は変わります。そのため会議での発言内容や意思決定の判断でメンバーそれぞれが持つ価値観が大きく影響することがあります。

1）メンバーの価値観に着目して進行する

メンバーの参加する態度や表情、雰囲気（オーラ）から価値観を読み取るように意識してみましょう。繰り返し続けることでかなりの精度でわか

るようになります。

- 会議に協力的で参加者を巻き込む発言をする人：「共感、調和、協力、貢献、つながり、親しみ」などの価値観を大切にしている
- 会議のはじめに口火を切ってくれる人：「調和、協力、成長、挑戦、熱意、一番」などの価値観を大切にしている
- 進行役が指名しないと発言しない人：「誠実、信用、信頼、謙虚、素直、慎重、正確」などの価値観を大切にしている。周囲にどう見られているか、内容は正しいか間違っていないか、を気にしている
- 多様な視点、別の視点から発言してくれる人：「独自性（オリジナリティ）、個性、知識、博識」などの価値観を大切にしている

2）価値観から発言を引き出す

次に発言をふる言葉のなかに本人が大切にしている「価値観」を盛り込みます。動作や表情からタイミングを計り指名します。

- 熱意・情熱・挑戦：「かなり新しい取り組みですので、まずは積極的な意見や熱い思いを〇〇さんからいただきたいと思います」
- 協力・調和・共感：「この取り組みでどのようなところと連携をとればよいか、話し合います。〇〇さん、いかがですか？」
- 自由・個性・独自：「この取り組みは自由な発想や今までと違ったオリジナルな発想が大切と考えます。〇〇さんならどう考えますか？」
- 信頼・約束・誠実：「次にご家族の信頼を損なわないためにどのような配慮が必要かを話し合いたいと思います。どなたか……」
- 慎重・正確・規律：「この取り組みは制度的にもかなり慎重に進める必要があると考えます。この点でご意見をいただける方は……」

3）価値観が意思決定に影響する

会議で意思決定の場面になるとメンバーの価値観が前面に出てきます。「挑戦、成長、熱意、冒険」などポジティブな価値観を持つ人は前向きな発言をします。一方、「慎重、信頼、正確、愛情」などの価値観を持つ人はなかなか決断しなかったり態度を表明しないことがあります。「協力、つながり、まとまり」などを大切にする人はチームが納得しているかどうかにこだわり、「皆さんと一緒です」と同調する発言をします。

どのような発言も尊重し意思決定の話し合いを続けます。

- 一致：「ではおたがいに具体的に一致できる点を確認していきましょう」
- 合意：「皆さんが合意できる点をこれから確認していきましょう」
- 条件：「ではどういう条件があれば合意できるか、話し合っていきましょう」

第6節 調整・交渉をする

会議の目的で多いのは「調整・交渉」です。

チームで仕事をすると、スタート時の申し合わせと違った事態が起こりがちです。始まってから不具合や想定外の出来事が明らかになる、途中から新しい事業所がかかわる、目指す課題や目標・計画が変更されるなどは必ず起こります。その際には関係各所や全体への調整や交渉が必要となります。これらを一方的な指示・命令で対応してしまってはチームの納得は得られず、現場に不満の声が生じ、あらたなトラブルの芽となります。

会議で話し合い、調整・交渉のステップを踏めばチームの合意と納得を生むことができます。進行役は調整・交渉をスムーズに進めるために「公平・中立」のスタンスを保ちます。そして、サービス担当者会議などでは**代弁者（アドボカシー機能）**として利用者側の立場に立ち発言・提案すること（利用者本位）も大切な役割です。

> 代弁者（アドボカシー機能）

1　「調整・交渉」の基本的考え方

調整・交渉が必要とされる理由は個人や事業所・部門などそれぞれが抱える**ジレンマ**（葛藤）にあります。一方の要望を通すと一方のデメリットとなり、一方の言い分を通せば一方に不都合が生じてしまうといったことは往々にして起こります。

ジレンマを「反目・対立、頓挫、停滞、破綻・分裂」の原因とさせないために調整・交渉があります。かかわる人が **Win-Win の関係**になるために、**条件で合意**できるだけでなく、それぞれのニーズを満たす**代替案（建設的な提案）**を話し合うこともやってみましょう。

> ジレンマ
>
> Win-Win の関係
> 条件で合意
> 代替案（建設的な提案）

1）調整

問題や支障が生じていても「利害・対立関係にならない」ことを目的に調整作業を進めます。その際、現状把握と原因の特定を行い、どうあればよいか（正解でなく最適、最善、適切を目指すこと）を話し合います。

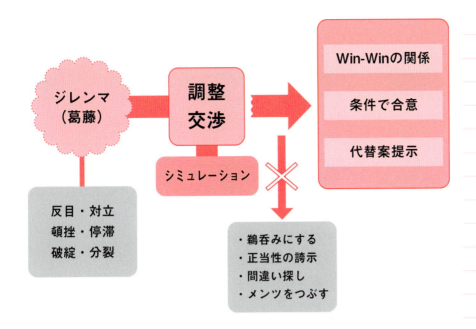

- 意思疎通が取れているか
- 認識や理解が一致しているか
- 調整の必要性で一致しているか

話し合いを**勝ち負け**にしてはいけません。「相手の立場で理解する」ことを重視し、「おたがいが納得できる合意」づくりを前面に押し出します。

2）交渉

すでに利害・対立関係になっていることを交渉する（それぞれが譲歩する＝歩み寄る、折り合う、すり合わせる）ことで問題の解決を図ります。その際、進行役は**利害**の状況と**対立軸**、進行役の**立ち位置**を明らかにすることから始めます。

- 対立の例：人手、予算（報酬）、負担金（分担金）、業務（手間）、時間、責任、立場、現場の声など

交渉で大切なのは「個人と意見」を切り分けることです。「あの人（あの事業所）が言っているから気に入らない」ということは無意識に起こりがちです。意見と意見のぶつかり合いを「人と人とのいがみ合い」にしてしまっては解決できません。個人の本音と立場から言う意見を分けるのです。
「**正当性**」でなく「事情・背景・環境」に着目し、それぞれの言い分と立場を尊重し**利害に折り合い**をつける話し合いを行います。

交渉は多くの選択肢を出し合い、客観的な基準（例：時期、時間、人手、予算など）をもとに話し合います。しかし妥協もあるので若干の勝ち負けが生じることもあります。**感情的しこり**（納得できない、損得感情）が残るときは、後で必ず**フォロー**を行います。

勝ち負け

利害

対立軸

立ち位置

正当性

利害に折り合い

感情的しこり

〈フォローの例〉
「今回は○○となりましたが、もし不都合があればまた話し合いの場を持ちましょう」

4 〜会議の進め方 〜パズルで構造化する〜

② 3つのシーン別「調整・交渉」の勘所

サービス担当者会議で行う調整・交渉は以下のものが想定されます。それぞれの場面ごとに難しさと勘所は異なります。

1）本人と家族、家族と家族、本人（家族）と地域（近所近隣）

利用者本人の本音と家族の希望が異なることで調整・交渉を行うことはよく起こります。本人の拒否を「わがまま」とせず、その真意（ニーズ）に着目しましょう。注意しなければならないことは本人と家族の**主訴（表向きの言い分）の対立**にしないことです。

> 例：利用者本人……デイサービスに行きたくない
> 　　：家族の希望……デイサービスに行ってもらいたい
> ⇒「デイサービス」を利用するかどうかでなくニーズに着目する。

- **代替案の提示**：どのような支援があれば日中に自宅で1人で過ごせるか、どのようなサービス・利用日ならばデイサービスを利用したいか
- 家族・事業所・地域と交渉：何ができるか、どういう**条件**がそろえば何ができそうか、数か月後ならばどのような支援が準備できるか

2）本人（家族）とサービス事業所

この場合では「利用日、利用時間、送迎方法、サービス内容、連絡方法」などの調整・交渉ごとが多くなります。これらは本人（家族）の心身機能の低下や暮らしの変化、ニーズや困りごと（例：認知症が進み日中1人にはさせられない）の変化によって調整ごとが想定されます。

サービス担当者会議では1年以内の予測を行い、状況の変化に合わせた対応を**シミュレーション**しておくことですぐに対応が可能となります。

3）サービス事業所間、医療機関と行政機関、サービス事業所と地域

サービス事業所間の調整・交渉はケアプラン（第1表～第3表）と個別サービス計画を手元に置いて話し合いを行います。医療機関や行政機関との調整・交渉は本人（家族）からあらかじめ希望を聞き取り、代弁者の立場も踏まえて話し合います。1人暮らし高齢者支援や支援困難ケース支援では、サービス事業所と地域との調整・交渉が必要となります。地域包括支援センターに相談し、個別ケース検討を行う地域ケア会議などの場で話し合います。その際の進行役は地域包括支援センターが担います。

③ 調整・交渉の話し合いでやってはいけない4つのこと

会議の進行役は「行司役」であり「仲人役」であり**仲裁役・調停役**で

余白注記：
- 主訴（表向きの言い分）の対立
- 代替案の提示
- 条件
- シミュレーション
- 仲裁役・調停役

す。注意しなければいけないのは、それぞれの言い分を傾聴するあまり、つい中立・公平の立場にブレが生まれてしまうことです。また、本人（家族）の立場に立つことだけにひたむきになり、ケアチームの合意を得ることをせずに押し切ってしまうとかえって本人（家族）に不利益を生むことになる場合もあります。

進行役は「やってはいけない４つのこと」を意識しながら進めます。

１）鵜呑みにしない

発言に一方的な言い分や言い訳、他者（事業所含む）への非難があっても、それを鵜呑みにしてはいけません。それは個人が言っているのか、組織や専門職、家族の立場が言わせているのかを聞き分け、本当に望んでいること、真のニーズを探るようにします。そして具体的に何を望んでいるのかを発言してもらいましょう。

２）正当性を誇示させない

間違っていない、負けたくない気持ちや一面的な価値観や主観（例：介護サービスとはかくあるべし）から「正当性（いかに正しいか）」をやたら誇示する人がいます。そればかりが強調されると押しつけ感が強くなり、とても話し合いにはなりません。反対の立場の人が発言できる機会をつくり、正当性を誇示する人にもしっかりと傾聴してもらいましょう。

- 進行役：「もう一方の方のお考えを詳しくお話しいただけますか？」

３）間違い探しに終始しない

おたがいの間違いや失敗を指摘し、やりこめるという場面が会議では往々にして起こります。回答に戸惑っているとさらに追い打ちをかけた指摘を行う人もいます。指摘で終わっては話し合いになりません。なぜ起こったのか、どういう思いだったのかを話してもらい、次に未来形に話を展開しましょう。

- 進行役：「問題に関する原因や間違いなどのご指摘はかなり出たと思います。では、これらの条件のなかで、これからどのように進めていけばよいかを話し合いたいと思います」

４）メンツ（顔）をつぶさない

発言にあいまいさや間違いがあると、相手の弱点をしきりに指摘する人がいます。当人にとってはメンツ（顔）をつぶされたことになり感情の対立が生まれてしまいます。本人と家族、家族同士の話し合いで顔色をうかがいながらの発言になるのは、それぞれの立場やメンツへの配慮の力が働くからです。弱点を指摘するような発言には常に注意し、行き過ぎた発言には進行役は必ずフォローに回りましょう。

4　会議の進め方　〜パズルで構造化する〜

押しつけ感

未来形

感情の対立

第7節 問題を解決する

　会議がうまく進み、よい実行計画を立てたとしても、メンバーがネガティブな気持ちのままでは、その対策が「前向きに取り組むもの」になるとは限りません。

　会議で「やるべきこと」が決まったとしてもメンバーがやる気になっていなかったり、どこかあきらめてしまっているようならば、結果はあまり期待できないかもしれません。ネガティブな気持ちから前向きなアクションは生まれないからです。

　問題解決の話し合いではポジティブな気持ちを維持し、参加者が前向きに解決策にあたれるようにします。

1　問題解決の2つの方法　～ギャップアプローチ型とポジティブアプローチ型～

　問題とは期待値（予定値）と現状値の「差（ギャップ）」です。問題解決の話し合いにはギャップアプローチ型とポジティブアプローチ型、2つの方法があります。どちらの方法にもメリット・デメリットがあります。

　なおギャップアプローチ型の話し合いが参加者のひと言や提案でポジティブアプローチ型に転化することもあります。進行役はいずれの方法も使いこなせることが大切です。

1）ギャップアプローチ型の問題解決の進め方

　ギャップアプローチ型の話し合いでは「足りない部分（〜が足りない）」に着目し、「いかに対応するか、改善するか」がテーマとなります。話し合いでは「なぜ（Why）そうなってしまったのか？」の問いで原因・要因を抽出する流れになります。

　ここで進行役が注意しなければいけないのは、その原因・要因を取り除けば問題は解決するという思い込みです。仮に問題の要因をすべて取り除き克服する計画を話し合っても結果的にあまり変わらなかったということ

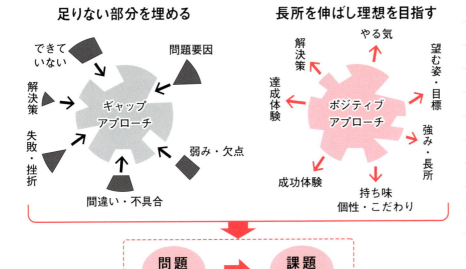

も起こります。また、「なぜできないのか？（原因）」ばかりを追及すると「誰が？」と犯人探しが始まり、責任追及のムードになったり、問題意識が低ければ会議のモチベーションは下がります。

また、当事者や関係者が全員参加しているわけではないなら、当事者意識や責任感も薄くなりがちです。さらに立場や専門性、肩書などからの発言も多いため、おのずとバイアス（偏り）も影響します。

以上のような点を考慮して、ギャップ（差）に着目した問題解決の話し合いでは問題の原因・要因を洗い出すために、進行役は次のように問いかけをしましょう。

▼できていなかったことに取り組む
・「どのようなことに取り組めば解決するでしょうか？」
▼問題要因を取り除く、克服する
・「どのような問題要因を取り除き克服すれば解決するでしょうか？」
▼弱みや欠点を明らかにし克服する
・「この問題が起こったのは、それぞれに弱みや弱点があるからかと思います。どれから克服すればよいでしょうか？」
▼間違いや不具合を調整し正す
・「問題になったのも関係者の対応の間違いや不具合に原因があったと思いますが、どれから正していけばよいでしょうか？」
▼失敗や挫折から学習し二度と失敗しないようにする
・「これまでの失敗や挫折から何を学べばよいでしょうか？」
▼解決策を求める

・「解決策を考えるうえで何から取り組めばよいでしょうか？」

　実はこれらの話し合いでモチベーションが必ずしも上がるわけではないことに進行役は着目しなければなりません。解決を目指すのはよいのですが、決まったことを完璧にこなすことを強要するのは、現実的には相当に無理がかかります。たとえ「○○事業所としてやるべきことをやります」といくら力強く決意してもあくまでこれから行うことであり、「結果を出せる」と決まったわけではないのです。やると言ってやれなければ**責任問題**にも発展しかねません。

　ギャップアプローチ型の話し合いのなかにポジティブアプローチ型の「問いかけ」を盛り込むことで、前向きな話し合いに方向転換することを試みてみましょう。

2）ポジティブアプローチ型の問題解決の進め方

　ポジティブアプローチ型の話し合いは、「足りないもの」でなく「持っているもの」や組織（チーム含む）・個人の「強み」に着目し、「理想、あるべき姿」に近づくにはどうすればよいか未来形で話し合います。問題の原因・要因分析も**成長の可能性**の視点から洗い出しを行います。

　当事者と参加者が「やりたいこと、やれそうなこと」をあげ、着実にアクションにつなげていく話し合いははるかに前向きであり現実的です。

　ポジティブさに着目する話し合いでは次のような問いかけをします。

▼当事者がやる気になることに取り組む
・「本人（家族）は、どのようなこと（課題、目標）ならやる気になれそうですか？」

▼望む姿、目標を目指す
・「ご本人としては、いつまでにどのようなことができるようになると目安がつけば前向きになりますか？」
・「ご本人はどのようなことを望まれているでしょうか？」

▼強みや長所に着目し活かす・伸ばす
・「ご本人の強みや長所はどういうところでしょうか？」
・「もし仮に○○をやるとなったら、ご本人の強みや長所をどのように活かすことができそうですか？」

▼本人の持ち味や個性・こだわりを尊重する
・「ご本人の持ち味ってどのようなことですか？」
・「ご本人にとって大切にされたいこだわりって何ですか？」
・「ご本人にとって心地よいことってどのようなことですか？」

▼当事者の成功体験や達成体験から学習する
・「これまでどのような成功体験ややり遂げた体験がおありですか？」

- 「そこから私たちが学ぶこと・活かせることはどのようなことですか？」
- ▼少しでも解決に近づくための手段を考える
- 「色々と難しいことがありますが、一歩でなく半歩先にできそうなことはどのようなことでしょうか？」

❷ 問題解決を課題達成に転化させる

　問題解決という表現は正しいかもしれませんが、多くの場合、問題に向き合うことを私たちは好みません。問題とは「期待値と現状値の差」です。ならば**期待値＝目指す課題**ととらえ直すことで「問題」を前向きにとらえ直すことができます。

1）「問題」を「課題」化する

　問題とは「よくないこと、できないこと」です。人は否定的なことをいくら指摘されても前向きにはなれません。そのことで落ち込んでいるのは当事者自身だからです。「できないこと」でなく「どうなりたいか」を引き出し未来志向で取り組むムードをつくり出しましょう。

- 「○○さんがどのようになればよいと思われますか？」
- 「どういう条件がそろえば○○さんは〜〜となると思われますか？」

2）「取り組みの意味」を定義する

　問題解決や課題達成は大切ですが、参加者と話し合っておくもっと大切なことは「取り組みの意味」です。結果が思ったようにいかなかったときに、取り組みそのものを否定することになってしまうからです。プロセスに着目することで取り組みの１つ１つに**意味づけ**を行うことができます。

- 「○○の取り組みはどのような意味があると思われますか？」
- 「もし期待することが実現できたら、それはどのような意味を持つと思われますか？」

3）「できること・できそうなこと」「やりたいこと・協力してもらいたいこと」を引き出す

　今の段階で時間・人手・情報・ノウハウなどの条件があればできそうなことを引き出します。また「やりたいこと」だけでなく、多職種からどのような協力があれば何が取り組めそうかは連携への動機づけにつながることにもなるので大切な問いかけです。

- 「どのような条件がそろえばできそうなことが増えますか？」
- 「どのような協力があればやりたいことができそうですか？」

第8節 意思を決める

会議で情報共有、問題分析、課題設定などの話し合いは盛り上がって進んでいても意思決定をする場面になるとなかなか決まらないことがあります。話し合いが延々と続いてしまい、結論が出ずに**先送り**することもあれば、「なんとなく決まってしまう」こともあります。

例えばサービス担当者会議においての意思決定は利用者本位を第一義に行われなければいけません。しかし、上記のようなことでは利用者本位を貫くことはできません。利用者（家族）とケアチームと医療チームによる**共同決定**のスタイルをとる「決めるための話し合い」を進めるためには、「意思決定のプロセス」を踏む必要があります。

1 なぜ決まらないのか～意思決定の「壁」～

意思決定の会議なのに「なかなか決まらない」話し合いが延々と続くことがあります。ようやく決まりそうになっても予想外の質問やリスクを危ぶむ意見が出されると「そうなったら問題だ」となり、話し合いが振り出しに戻ることがあります。

なぜそうなってしまうのでしょうか。ケアマネジメントにおいては次のような当事者の事情が想定されます。

- 当事者（例：本人、家族）の意向が確認できない
- 当事者（例：本人、家族）が決めかねている、迷っている

そしてメンバーの心理に**決めたくない気持ち**があれば決めることは難しいでしょう。以下のような理由が想定されます。

- 決めるだけの権限を与えられていない（委任されていない）
- 責任が取れない（**代理参加**なので責任を取る立場にない）
- 決めるには与えられた情報が少なすぎる
- 選ぶ選択肢が少なすぎる
- **正しく決めたい**が決め方がわからない

先送り

共同決定

決めたくない気持ち

代理参加

正しく決めたい

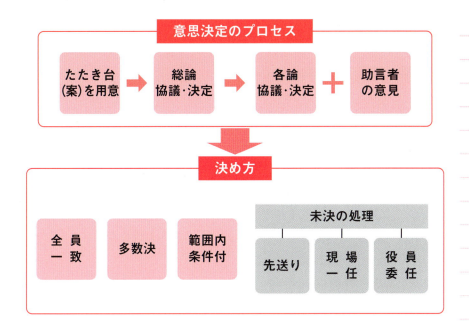

・この場でこのような大切なことを決めてしまってよいか判断できない

このようなことが起こらないために事前に当事者の意向を把握し、本人（家族）の意思が決まるように情報提供をしておくことが必要です。

また、意思決定をする会議であることを事前に伝え、代理参加ならば**決定権**を委ねておくこと、などを依頼しておくことが大切です。

決定権

2 意思決定のプロセス

意思決定をするためにはいくつかのプロセスを用意しておきます。進行役はメンバーに「今、何を決めるのか」をはっきりと言葉にしましょう。

話し合いのひと段落着いたときに次のような抽象的な言い方をするのはよくありません。

×：「では、これでよいでしょうか？」

〇：「では、○○の件は○○でよいでしょうか？」

1）たたき台（案）を話し合う

手持ち情報の共有で資料があると深い理解ができるように、意思決定では必ず**たたき台（案）**を用意します。メンバーにはたたき台（案）であることを示し、話し合いのなかで「練り込んでいく」ようにします。たたき台（案）は、つくり方次第で話し合いの密度が異なってきます。

たたき台（案）

・大項目を示し、細目（例：時期、内容、担当、サービス事業所など）は空欄にしておく→空欄を埋めるため、話し合いが活発になりやすい

・大項目、細目（例：上記）まで記載しておく→承認型になりやすい

なお、これまで複数回の話し合いを行ったうえでの意思決定の会議ならば、これまで話し合った議事録の要旨を記載するか、進行役が口頭でまとめて報告するようにします。

　サービス担当者会議ではケアプラン第1表〜第3表がたたき台となります。3日前にはメンバーに示し、どの部分で意見や提案をもらいたいかを事前に依頼しておきます。

2）「総論→各論」の順番で話し合う

　意思決定をするときの失敗に**各論**でもめることがあります。各論は具体的なので意見の相違が生まれやすいのは当たり前です。ですから、総論（方向性、課題）で合意していない段階で、各論から決定しようとしても、いつまでたっても話は進みません。

　まずは**総論**で確認を行い、そして次に決めなければいけない各論に話を進めます。各論の項目は多いので話し合いの時間に**締め切り**を示すことを忘れないようにしましょう。

- 「それでは方向性として（「総論として」も可）○○を目指すということでよろしいでしょうか？」
- 「今、方向性が確認されましたので、これから各論に入っていきます。決める項目が多いので1つにつき5分を目安に話し合っていきたいと思いますのでご協力をお願いします」

　各論になると急に発言が多くなり、先に確認した総論とズレた発言をする人がいます。蒸し返し発言を放置すると**脱線**が起こります。タイミングをみて総論で確認したことを伝えます。

　なお、「この場では方向性が決まったので各論については各委員会（部、課、事業所）で詳細に決めていただき、それを次回の会議で報告してもらうことでいかがでしょうか？」と現場に委ねるのもよいでしょう。

3）助言者（アドバイザー）の意見をもらう

　メンバーのなかに「力量不足」「情報不足」「権限不足」の人がいることはよくあります。それぞれ事業所や部署・部門（課・係、委員会）などを代表していても意思決定になると「責任」が伴うので決めることに**あいまいな態度**をとりがちです。そのときに「助言者」に参考意見を発言してもらう、あるいはメンバーの不安や質問に回答してもらうことはとても有効です。

　しかし、助言者が出席できない場合には、あらかじめ「助言（アドバイス）」をもらい、タイミングを図って申し送りの形で紹介しましょう。

　例：「○○の件は〜〜さんから助言をいただいていますので紹介します」

3　「決め方」を工夫する

　意思決定にもいくつかの「決め方」があります。全員一致が理想ですが、そのような話し合いはまれです。進行役が一方的に決め方を押しつけてしまうのではなく、必ずメンバーに「○○の決め方でどうでしょうか」と問い、全員の合意をもらいます。これをやっておかないと「えこひいきだ」「一方的だ」と後で不満の声があがることになります。

1）全員一致で決める、多数決で決める

　全員一致は最も理想的な決め方ですが、かなり時間をかけた話し合いが必要です。そして、全員一致にならないときは一般的に**多数決**で決めます。

　例：「それでは多数決で決めることでよろしいでしょうか？」

　多数決にも、**挙手**、**投票**、**拍手**があります。状況で使い分けます。

- **挙手**：挙手はメンバーの賛否がとてもわかりやすいです。また、挙げ方（例：肩以上、胸の前、手元のみ）で会議への参加レベルや決定への意気込みをはかることができます。
- **投票**：賛否をメンバーの顔色を見て決めることが予想される、メンバーの賛否がわかると後々まずい、といった場合は「**無記名**の投票」という方法をとります。
- **拍手**：拍手は全員一致のムードなら盛り上がってよいでしょうが、少数派のまばらな拍手は痛々しいので控えます。

　多数決で注意しなければならないことは「多数派」が正しいような雰囲気をつくらないことです。話し合いは勝ち負けではありません。少数派に配慮したひと言をつけ加えましょう。

　例：「多数決で○○と決まりましたが、○○と○○の考え方も貴重です。今後の実践のなかでも十分考慮し参考にしていきたいと思います」

2）範囲（項目、期間、手立てなど）や条件で決める、未決の処理を決める

　総論は賛成でも各論で合意できない項目が出てきます。その場合は合意に至りやすい項目から**小さなYes**を積み上げていきます。全項目での一致ではなく「範囲内・条件付」での意思決定をメンバーにはかりましょう。

　例：「○○について〜〜とするか、〜〜とするか、決めたいと思います」

　ただし、時間内ですべてを決めることができないこともあります。進行役は、決まっていない項目についてメンバーにはかりましょう。

- **先送り**：「○○については次回へ持ち越しでよろしいでしょうか？」
- **現場一任**：「○○の内容は現場一任でよろしいでしょうか？」
- **役員委任**：「○○の項目は話し合った内容を伝えて三役で決めていただくことでいかがでしょうか？」

第9節 計画を立てる

意思決定会議で方向性が決まったら、次は実行に向けた計画についての話し合いのステップになります。では実行計画を話し合うときに文字ばかりが羅列された「箇条書き」の計画書だったらどうでしょう。その内容はとてもイメージしづらいものになるでしょう。

見える化　計画づくりの話し合いのポイントは言葉だけが飛び交う空中戦状態にしないことです。そのためには計画の見える化が必要となってきます。しかし「見える化」した資料を各自に配布して話し合いを始めても一体感は生まれません。それは、資料を読み込むために、姿勢がうつむきポーズばかりになり発言の頻度が極端に減るからです。

ハートの一致　「目線の一致がハートの一致」を可能にしてくれるのがホワイトボードです。上手に使いこなせるように体験を通じて練習をしましょう。

1 計画づくりでなぜ「見える化」しなければいけないのか

では、計画づくりは、どうして空中戦になりやすいのでしょうか。それは計画そのものが、未来形＝これからのことだからです。問題発見と原因分析の話し合いは過去と現在なので具体的にイメージを共有できます。しかし、計画は「これから」のことなのでイメージしづらいのです。

未来形＝これから

〈5つの手法を使った「見える化」〉

見える化ツール　ビジネス分野で開発され活用されている「作業の見える化ツール」を使ってみましょう。ホワイトボードに書いていく人は進行役とは別の人を頼みましょう。

①マトリクス表　　②担当一覧表　　③フローチャート
④ガントチャート表　　⑤PDCAサイクルシート

マトリクス表

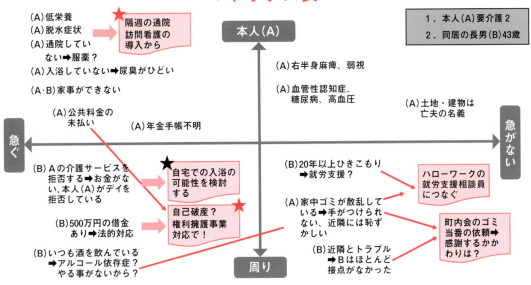

1）「マトリクス表」を使いこなす

マトリクス表の基本は4領域です。何から手をつけるか、どれが即効性があるか、などの頭の整理にはとても効果的です。

〈作業の手順〉

①タテ・ヨコに両矢印の軸を書きます。

②上下・左右に矢印を書きます。

③矢印に意味づけを行います。

　タテ・ヨコの矢印の端に「意味づけ」を書きます。

〈例〉

- 本人と周り
- 本人と家族
- 急ぐ／急がない
- 重要性と実現性
- 重要性と緊急性
- 重要性とコスト
- 実現性とコスト
- 実現性と効果
- 実現性と影響
- 時間と実現性
- 時間と効果
- 時間とコスト

④意見、提案、アイデアを各自が「付箋」に書きます。

⑤メンバーがマトリクス表に直接貼りつけます。

⑥付箋を1つ1つ吟味し、位置はこれでよいか、ほかに提案はないか、などをマトリクス表を見ながら話し合います。

⑦付箋はそのままで、意味づけを変えたマトリクス表を使った話し合いを3回程度（例：1回目：急ぐ／急がない→2回目：重要性と実現性→3回目：時間と効果）行い、実行計画を練る前段階とします。完成した表は写真に撮影し記録として残します。

4 〜会議の進め方 パズルで構造化する〜

頭の整理

意味づけ

担当一覧表

	解決すべき現状	課題	実行内容	期間	担当	緊急度	難易度
1	長男とは生活費のことで喧嘩になる。サラ金で借金を繰り返し、500万円の負債	500万円の負債を整理し、生活費が管理できるようになる	①500万円の負債の整理 ②権利擁護事業で生活費の管理を行う	○○/○○ ～ ○○/○○	①弁護士等 ②権利擁護センター ②地域包括支援センター	◎	△
2	通院ができず未受診が3か月続いている。低栄養と脱水でかなり危険な状態	隔週の通院で健康管理が行え、医療的管理が行えるようになる	①訪問看護による健康管理 ②医療費の捻出と通院支援	○○/○○ ～ ○○/○○	①訪問看護 ②行政 ②○○クリニック	◎	○
3	風呂に入りたいが麻痺があるため入れない。長男も入浴介助の方法がわからない	麻痺があっても福祉用具等と長男の入浴介助で3日に1回は入れるようになる	①シャワーチェアと浴槽固定手すりの導入 ②長男への入浴介助の指導	○○/○○ ～ ○○/○○	①福祉用具 ②訪問介護 ②介護ボランティア	○	○
4	家中にゴミが散乱して片づけはあきらめている。ゴミ出しは集積場が遠く、台車もない	家の中のゴミが片づき生活スペースが確保でき、定期的にゴミ出しができるようになる	①家の中のゴミ出し作業 ②ゴミ出しもできるシルバーカーの確保	○○/○○ ～ ○○/○○	①清掃ボランティア ①清掃局 ①専門業者 ②福祉用具	△	△
5	長男は就職でつまずき20年間ひきこもり。日中は暇なので酒を飲み、母親にあたることも多い	生活習慣を改善し就労を再開し、生活費の確保と人間関係を広げる	①生活習慣の改善 ②就職相談の登録 ③資格取得	○○/○○ ～ ○○/○○	①スポーツジム ②ハローワークの相談員 ③通信教育	△	×

2）「担当一覧表」を使いこなす

計画段階では「何を、誰が、いつからいつまで、どのように」行うのか、まで具体化しなければ、実行のステップを始めることはできません。なんとなく「皆さん、がんばりましょう」「それぞれの部署・部門でできることに取り組んでください」と言うだけで会議が終わってしまうと、その実行計画はとてもあいまいなものになり、結果的に失敗します。

実行を想定した分担を「担当一覧表」で行いましょう。

〈作業の手順〉

①最上段に実行項目（例：解決すべき現状、課題、実行内容、期間、担当、緊急度、難易度）を左から右に書いていきます。

②実行項目ごとに話し合いながら記入していきます。

③話し合いで結論がすぐに出ないならば「後回し」とし、話し合いの最後の時間に再度検討します。

④ここでも付箋を使うと便利です。修正がある場合でも貼り換えで済むのでとても効率的です。

⑤**緊急度、難易度**などを設け「◎、○、△、×」と記入することで緊急性や困難度を見える化することができます。

⑥**備考欄、注意点、評価**などの項目を追加するのもよいでしょう。

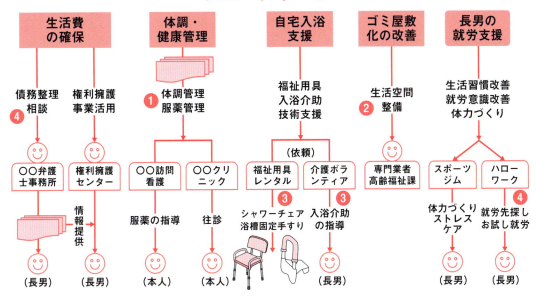

3)「フローチャート」を使いこなす

　フローチャートとは「仕事の流れ図」といわれるもので、業務のプロセスを見える化したものです。基本的に「記号：○、△、◇、□、▭、◯、✺」と「線：――、＝＝、▬、----」と「矢印：→、⇒、↓、⇔」などで表します。

〈作業の手順〉

①ホワイトボードに業務の項目の流れ図を書き、「□、▭、◯、○」で囲みます。

　※項目のなかに「課題、実行内容、業務、担当事業所、担当者」などを記入します。

　※パワーポイントで作成する場合はアイコンが便利です。Web上のフリーイラストを使いましょう。

　　・病院、薬局、自宅、施設、送迎バス、ケアマネジャー、ホームヘルパー、看護師、理学療法士、地域包括支援センター、コンビニ、スーパー、理容室、警察、消防署、市役所

②作業の流れを「矢印」と「線」で表します。

③矢印や線の間に必要に応じて「要チェック、指示、情報提供、情報共有、連携、転送、送信」などの業務ポイントなどを記入します。

④緊急性や重要度に応じて項目に「❶、❷、❸」と数字を入れるのもよいでしょう。

⑤全体図を俯瞰し、作業項目に洩れはないか、矢印・線が間違っていないか、囲み記号が適切か、などを話し合いましょう。

ガントチャート表

	課題	実行内容	1月	2月	3月	4月	5月	6月	7月	8月	9月	10月	11月	12月
1	500万円の負債を整理し、生活費が管理できるようになる	①500万円の負債の整理 ②権利擁護事業で生活費の管理を行う			①500万円の負債の整理 ←————————→					②権利擁護事業で生活費の管理を行う ←————————————→				モニタリング訪問＆会議
2	隔週の通院で健康管理が行え、医療的管理が行えるようになる	①訪問看護による健康管理 ②医療費の捻出と通院支援		←→ ①訪問看護による健康管理					②医療費の捻出と通院支援					
3	麻痺があっても福祉用具等と長男の入浴介助で3日に1回は入れるようになる	①シャワーチェアと浴槽固定手すりの導入 ②長男への入浴介助の指導			△△福祉用具 →	①シャワーチェアと浴槽固定手すりの導入				○○訪問介護 ②長男への入浴介助の指導				
4	家の中のゴミが片づき生活スペースが確保でき、定期的にゴミ出しができるようになる	①家の中のゴミ出し作業 ②ゴミ出しもできるシルバーカーの確保と訓練					←→専門業者に相談　現況調査		①家の中のゴミ出し作業			②ゴミ出しもできるシルバーカーの確保と訓練		
5	生活習慣を改善し就労を再開し、生活費の確保と人間関係を広げる	①生活習慣の改善 ②就職相談の登録 ③資格取得				①生活習慣の改善		スポーツジム	②就職相談の登録		お試し就労	③資格取得		

4）「ガントチャート表」を使いこなす

　ガントチャートとは、何かの作業を進めていくときに項目別に段取りをまとめた進行表です。全体の計画が俯瞰でき、パッと見ただけで全体像がわかるだけでなく、「始まりと終わり」がわかるので進行スケジュールがつかめます。つまりプロジェクトの進行などあらゆる工程管理に使えるとても便利な表です。

　一般的に、**スケジュール表**、**管理表**と呼んでもよいでしょう。
・作業の全体像とスケジュールが見える化できる
・開始と完了が数字でなく「横棒」「⇔」で見える化できる
・作業の**同時並行**、関連作業を見える化できる

〈作業の手順〉
①やること（作業項目）を決めて、左の段のタテ列に記入します。
　例：新規ケースへの取り組み……インテーク、アセスメント、プランニング、事業所依頼・調整、ケアプラン原案の提示、サービス担当者会議、サービス開始、初期モニタリング　など
②上段の小項目は「日付、週、月」のいずれかを記入します。
③開始日と完了日（予定日）を決め、その期間を横棒か矢印（→、⇔）で表記し、矢印の中に「作業内容」を記入します。
④作業内容の脇に「担当者、担当チーム、事業所」などを記載します。
⑤作業間の関連は「矢印」で記入し、注釈を書くのもよいでしょう。

PDCAサイクルシート

計画（Plan）
- ゴミ屋敷で介護放棄となっている認知症の母とひきこもり長男への支援
- 情報と認識の共有と一致

実行（Do）
- ①生活費の確保　②体調・健康管理　③自宅入浴支援
- ④ゴミ屋敷化の改善　⑤長男の就労支援
- 解決すべき現状　課題　期間　実行内容　担当　緊急度　難易度

評価（Check）
- ①生活費の確保　②体調・健康管理　③自宅入浴支援
- ④ゴミ屋敷化の改善　⑤長男の就労支援
- 進捗状況　改善　達成　遅れ　効果　問題や影響　原因・要因

改善（Action） 再プランニング
- ①改善点と改善方法　②計画の見直し・修正

PDCAサイクル

5）「PDCAサイクルシート」を使いこなす

　PDCAサイクルとは、プロジェクトを進めるうえで計画（Plan）と実行（Do）の後に評価（Check：点検。結果の評価と分析）を行い、計画の修正と改善（Action）を継続的に行うフィードバックシステムのことです。

　これは**計画倒れ**や**やりっぱなし**を防ぐだけでなく、途中で進行の状況や問題点、障害となることを点検・分析し、必要な改善を行うことでプロジェクトの達成が目指せます。ポイントはPDCAサイクルを「反復する」ことにあり、会議も4つの目的ごとに行います。

〈作業の手順〉

①ホワイトボードに4つの囲みを描きます。

②Plan（計画）：計画の目的と計画の内容を箇条書きします。メンバーにはマトリクス表、担当一覧表、フローチャート、ガントチャート表などの資料を用意します。

③Do（実行）：実行する内容（いつ、誰が、どこで、どのように）を整理して書きます。

④Check（点検・評価）：作業の進捗状況、効果や遅れ、問題や影響、分析した原因・要因などを書きます。

⑤Action（改善）：問題の改善点や改善方法、計画の見直し・修正などを書きます。

---

4 〜会議の進め方　パズルで構造化する〜

計画倒れ
やりっぱなし

第10節 仕組みを話し合う

　会議でチームが抱える問題について話し合うと、「報告・連絡・相談・確認のミス」「運営上のトラブル」など個人が原因のものから、「業務の偏り」「責任の所在が不明確」「時間がない」「人手や予算がない」「ルールが決まっていない」など組織に起因するものまであげられます。しかし、これらは「仕組み」の不備からきていることが多くあります。

　会議では、問題そのものだけでなく、仕組みにも目を向けた話し合いをしましょう。では、どのように話し合えばよいでしょうか。

① 「仕組み」をなぜ話し合うのか

　組織が動くためには「全体で合意された決めごと」が必要です。それが組織における「仕組み」といえます。

　数人でも行動を起こすときに、いちいち集まって話し合うことなどできません。規模が大きくなれば一堂に会することさえできないでしょう。そのために事前に仕組みをつくっておくことでチームとしての動きができるのです。

　組織の仕組みに必要な要素は次の5つがあげられます。

①業務マニュアル
②業務ルール
③組織構成、メンバー構成（例：事業所、部門、係、担当など）
④しかけ（例：予算、イベント、セレモニー、研修、広報など）
⑤リスクマネジメント、クライシスマネジメント、トラブルマネジメント

　これらの仕組みは、組織の規模、取り組むテーマや目的ごとに多様であり、数年経過すれば現状に合わなくなります。それらはあらゆる「問題」として表面化します。そのために、問題が発生したときには「仕組み」の視点から分析・評価し、話し合うことが大切になるのです。

※なお、ケアマネジメントも仕組みの1つです。仕組みのベースは介護保

険法とそれに伴う運営基準や各種指針、市町村レベルの事業計画、ローカルルールなどです。ケアマネジメントではインテークからモニタリングに至る「ケアマネジメント・プロセス」が仕組みとなります。

2 仕組みを5つの視点から話し合う

仕組みとは組織やチームが動くための「決めごと」です。決めごとは文章や図解・写真で見える化し、いつでも確認・見直しを行い、チームで話し合うことでブラッシュアップしましょう。

1)「マニュアル」づくり（修正含む）を話し合う

マニュアルとは業務の手順書です。マニュアルづくりで大切なのは「今の業務に役立つ内容」となっているか、文章が書いてあるだけでなく業務手順が「パッと見てわかる内容」となっているかです。会議の場で効果的にこれらについての意見を引き出すために、進行役としてメンバーに次のように問いかけます。

- 「○○の業務について、皆さんがどのように行っているかを出し合いたいと思います」
- 「○○の業務について、困ったことや手間どってしまうことをまず話し合いたいと思います」
- 「○○の業務を行うときに特に注意している点、配慮している点はどのようなことですか？」
- 「○○の業務の流れを見直したいと思います。皆さんなりにこうしたほうがいいだろうという提案をいただけますか？」

業務の手順書

4 〜会議の進め方〜 パズルで構造化する

ここで出された感想や意見はホワイトボードなどに書き出すとよいでしょう。

　次に留意点や配慮する点をメンバーから引き出します。

　・「提案された意見を進めるうえで、注意する点や配慮する点はいかがでしょうか？」

　発言された留意点などは赤字で書くとよいでしょう。これらの作業を業務ごとに行っていきます。

　マニュアルづくりでは「コンプライアンス（法令順守）」「質の高さ」「質の平準化」「質の一貫性」を意識したつくり方をしましょう。

2）「ルール」づくりを話し合う

　業務をこなす際に必要なチームワーク力を発揮し、さらに高めるためには、「報告・連絡・相談・確認」のルールを決めておく必要があります。これらの不備がミスや事故、苦情の原因となるので慎重にルールづくりに取り組みましょう。

　・「〇〇の業務を他の〇〇の皆さんと進めるにあたり、報告・連絡・相談・確認作業のルールをこれから決めたいと思います」

　共通の認識と責任の共有化を行うために、かかわるメンバーや事業所に必ず参加してもらうようにします。できれば「たたき台（案）」をつくり、あらかじめ検討してもらってから参加してもらうと効率的な話し合いが行えます。

3）「組織構成、メンバー構成」を話し合う

　仕組みづくりで組織構成とメンバー構成はとても大切です。人には業務だけでなく一緒に働く人との**相性**があります。また、それぞれの仕事力には差があり、何より**得意・不得意**もあります。これらを考慮し、適材適所のメンバー構成を目指しましょう。

　ただし、メンバー構成は「人事」にかかわることでもあり、ある一部の人に業務が集中したり、えこひいきや誤解を与えない配慮ある進行が求められます。

　進行にあたっては業務ごとに必要な役割や組織図をホワイトボードに書き、担当割りあてを書き込むようにすることで一体感をつくることができます。

〈自薦を募る〉

　・「〇〇の業務をやってみたいと思われる方（事業所）は……」

〈他薦を募る〉

　・「〇〇の役割を担ってもらうのはどの方（どの事業所）が……」

〈チームの能力に応じた分担をする〉

- 「○○のチーム（事業所）でどのような業務ができますか？」
- 「○○の業務ならどのチーム（事業所）がよいでしょうか？」

4）「しかけ」を話し合う

しかけには「予算、イベント、セレモニー、研修、広報」などがあります。仕組みを動かすにはこれらの「しかけ」が必要です。いくら緻密に仕組みをつくり上げても「しかけ」を考えていなければ初動は鈍く、途中に中だるみが生じて仕組みが機能しなくなることが起こります。

しかけを仕組みづくりの段階で話し合うことでメンバーのイメージは広がり、より具体的な取り組みを始めることができます。

- 予算：「○○の業務を行うには年間どれくらいの予算を見込んでおけばよいでしょうか？」「○○の予算が想定されますが、どのような取り組みが行えるでしょうか？」
- イベント：「○○の業務を全体のものにするためには、どのようなイベント（行事）が効果的でしょうか？」
- セレモニー：「○○の取り組みを全体のものにするためには、どのようなセレモニーを行えばよいでしょうか？」
- 研修：「○○を行うためにはどのような研修を行えばよいでしょうか？」
- 広報：「○○の取り組みを広く知ってもらうためには、どのような広報活動を行えばよいでしょうか？」

5）リスクやクライシス、トラブル対応を話し合う

仕組みづくりは「リスク」や「クライシス」「トラブル」を想定せずに話し合いが進みがちです。しかしスタートするとささいなミスや不備は必ず起こります。これらがトラブルに直結します。仕組みづくりでトラブルを想定したリスクマネジメントの話し合いをすることは、それ自体が抑止力となり、結果的には**予防効果**となるのです。

進行役は仕組みづくりの話し合いがまとまってきた最終段階で「失敗しないために話し合うテーマ」としてメンバーに問いかけます。

- リスク：「今の段階でこの仕組みで進めて、どのようなリスクが想定されますか？」
- クライシス：「この仕組みが危機的な状況になるときはどのような状況だと思われますか？」
- トラブル：「この仕組みでトラブルが起こったとき、対応にどれくらいの時間と手間と予算を想定しておけばよいでしょうか？」

第11節 未来志向で話し合う

　問題解決や課題達成型の話し合い（本章第7節参照）はいずれも未来ではなく過去を引きずった話し合いです。
　しかし、ここでは未来志向で話し合う方法を解説します。
　未来志向の話し合いでは**コーチング**手法が活用できます。コーチングとは、指導や助言ではなく「本人のなかに解決策（答え）がある」を基本視点に、相手を認める話し方と解決策を示唆するような質問を通じて本人を**動機づけ**、目標達成への支援をするマネジメント手法です。コーチングの考え方とその手法は会議の進行やチームマネジメントに効果的に活用できます。

1 コーチング式話し合い〜傾聴のスキル〜

　コーチングで行う傾聴の手法は相談援助職の傾聴の技術と共通しています。会議の進行で次のように使いこなしましょう。

1）否定はせず共感的な言葉を返す
　発言に対して「それは違う」「その発言はズレている」と出鼻をくじく反応をしては話し合いは進みません。「なるほど」「そういう考え方もありますね」と**承認の言葉**を進行役は返しましょう。

2）アクティブ・リスニングをする
　話し合いのムードをつくるのは積極的傾聴（アクティブ・リスニング）です。次のように行います。
- ・反復する：相手の発言を繰り返す、復唱する
- ・相づち：「へえ〜、なるほど、それはいい」などの言葉を返す
- ・うなずき：発言者の話すペースに合わせてうなずく

　相づちの声は意図的に抑揚をつけましょう。なおアイコンタクトが長いと発言者は進行役ばかりを見つめてしまいます。タイミングを図って聞き手側に視線をそらし、メンバーの反応を見るようにしましょう。

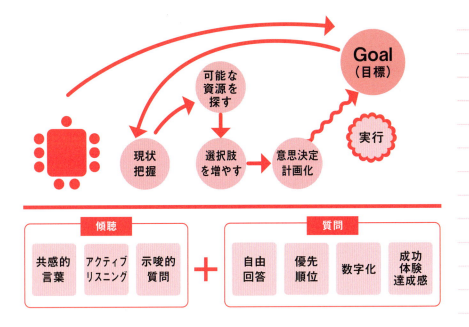

3）結論を急がない

　発言者のなかには「何が言いたいのか」がわからない話し方をする人がいます。しかし、直接「結論は何ですか？」と言っては、本人のメンツ（顔）をつぶすことになります。結論を急がずに示唆的な質問を行い、本人の話を心をこめて傾聴し、次のように問いかけます。

　・「今、話されたなかで最も伝えたい思い（コト）は何ですか？」

2　コーチング式話し合い～質問のスキル～

　コーチングでは傾聴に次いで質問のスキルが重視されます。会議でもメンバーの気づきをうながし、メンバーが自律的に考えられるようにするためには、進行役の質問スキルは欠かせません。

自律的

1）自由回答の発言を求める質問

　Yes／Noだけ答える質問では発言に幅は生まれません。
　・「皆さんは、どのように感じられましたか？」
　・「他の人の力を借りるならどのような人に頼みますか？」

2）「最も～」「リスト3」など優先順位をたずねる質問

　考え方に優先順位をつけると、とても発言がしやすくなります。
　・「最も力を入れるべきことは何でしょうか？」
　・「最も期待されていることはどれでしょうか？」
　・「今できることをそれぞれ3つずつあげてみましょう」
　・「これらのなかで優先順位で3つ選ぶとするなら、どれでしょう？」

4　会議の進め方　～パズルで構造化する～

3）数字（点数）化して質問する

発言を「良い、悪い」「好き、嫌い」「できる、難しい」の二者択一ではなく、程度（レベル）の違いを**数字化**してもらうと聞き手もイメージしやすくなります。

- 「この短期目標の達成度は10点満点で、何点くらいでしょうか？」
- 「100点満点とするなら、現時点で何点くらいできていますか？」

4）成功体験、達成感を質問する

何かに取り組むには「メンバーが抱く不安」を払拭しなければなりません。成功体験や達成感を持てたエピソードを話してもらいましょう。

- 「これまでで○○のことでうまくいった経験を出し合いましょう」
- 「○○のケースで達成できたエピソードを知っている人はいますか？」

3 コーチング式話し合い〜進行のスキル〜

話し合いの進行では、コーチングのなかでも代表的な**GROWモデル**がとても参考になります。次の5つのステップで話し合いを進めます。

① 「ゴール（Goal）」を設定する
② 「現状（Reality）」をポジティブに把握する
③ 「可能な資源（Resource）、活用できる資源」を探す
④ 「選択肢（Option）」を増やす
⑤ 「意思（Will）」を決めて計画をする

1）「ゴール（Goal）」を設定する

コーチングの基本は未来形です。GROWモデルでも、はじめに未来の「ゴール（目標）」を決めます。これまでのことにとらわれず「どうなるとよいのか、どうなるべきなのか」「どこを目指すのか、何を達成したいのか」をはじめに話し合います。

- 「皆さんが今、一番やりとげたいことは何ですか？」
- 「この事業所が1年後にどのようになっているとよいですか？」
- 「利用者のAさんが1年後どうなっていたらよいと思われますか？」
- 「Aさんとして1年後どのようになっていたいと思われますか？」

2）「現状（Reality）」をポジティブに把握する

次に進行役は、メンバーとともに現状を問いかけます。その際、問題点や不安などのマイナス面が語られがちですが、ここでは達成していることやポジティブな気持ちなどを肯定的に引き出します。また問題点という表現ではなく**改善点**と表現したほうが前向きな印象となります。数字を使ってどの程度、目標に近づいているかも質問してみましょう。

数字化

〈GROWモデル〉コーチングは自己成長を動機づけるための手法。GROW（成長）モデルは代表的な進め方。本来は4つのアルファベットだが、本書では「Resource」を付け加えてある。

改善点

- 「Aさんが今できていることと困っていることは何ですか？」
- 「Aさんへの支援で改善点を3つあげるなら、どのようなことですか？」
- 「目標に対してどのレベルまで達成していると思いますか？」

3）「可能な資源（Resource）、活用できる資源」を探す

　資源とは「ヒト、モノ、カネ、情報、時間」とよくいわれます。可能な資源とは「すでにある資源」「協力を依頼できる社会資源」ということです。ここでは、本人、家族、支援チーム、組織、地域などが持っている**強み**に着目します。私たちは意外と資源を持っていることに気がついていません。話し合いを通じて**資源の発見**となるように進行します。

- 「このチーム（例：本人、家族、事業所、プロジェクト、地域）の強みとしてはどのようなことがあるでしょうか？」
- 「実現に向けてどの人（どの専門職）の協力があればよいですか？」
- 「どのような情報があれば取り組みがさらに進むでしょうか？」
- 「これまでのやり方でうまくいった経験はどのようなことですか？」
- 「○○の専門職からどういう協力があればよいですか？」

4）「選択肢（Option）」を増やす

　現在の可能な資源を出し切ったら選択肢を増やす話し合いをします。目標達成に向けたアイデアを先程の可能な資源を手がかりに考えます。最善の方法を選択するために、まずは選択肢をたくさん増やすのがコツです。

- 「もし仮に○○の条件が整えば、どのような資源があるでしょうか？」
- 「やりたかったけれど、まだやっていない方法は何でしょうか？」
- 「今まで考えていなかったけれど、ぜひ協力してほしい人はどういう人ですか？」
- 「今までのやり方をひと工夫するとどうなりますか？」
- 「もし力のあるケアチームならどのようなやり方をしますか？」

5）「意思（Will）」を決めて計画をする

　気合いで「がんばります！」と言っても具体的には何も動き出しません。計画化をしてはじめて達成のめどが立つのです。「いつまでに○○をやれ」と命令されても義務感では人は動きません。問いかけることで自律的に考え、**自己決定**をうながし、実行に結びつけます。話し合いはマトリクス表や担当一覧表、ガントチャート表などを活用して計画の見える化をします。

- 「どの課題をいつから始め、いつまでに達成しましょうか？」
- 「○○の期間があれば、何に取り組めるでしょうか？」
- 「○○の課題はどの人がどのように取り組めばよいでしょうか？」
- 「○○に取り組むにあたり、どの情報をどの人から収集しましょうか？」

第12節 ブレイクスルー式で話し合う

会議はいくつかのタイプに分けられますが、なかでも問題解決型会議は最も重い雰囲気の会議の1つです。それは対象とするのが「問題」そのものだからです。その問題を生んでいる原因は「さまざまな障壁」です。

その障壁を改善レベルで済ますのか、障壁を一気に突破する革新的なアイデアで「変革」を目指すのかで、対応のプロセスは異なってきます。

ここでは、打開のプロセスを本来の意味・意義・価値の視点から話し合っていく **ブレイクスルー** 式会議の手法を学びます。

1 ブレイクスルー式会議の進め方

一般的な取り組みを **積み上げ式** で話し合うと次のようになります。
- 今の現状からできることをあげる
- 数週間後〜数か月後にどこまで達成できるかをあげる
- ○○の期間をかけて目指した目標を達成（解決）しよう

このように **足し算** で積み上げていくわけです。この積み上げ式は現実的な考え方のように思われますが、実際には問題解決にはなかなか至らない取り組み方です。

その理由は、取り組みが「できること」を前提にしているからです。現実に「できないこと」が複数起これば、もうそれだけで「やっぱり達成は難しい」となりがちです。

ブレイクスルー式会議では目的を再確認し、対象となる障壁自体にも「価値や意味」を見い出し、**あるべき姿**（理想の姿、理想の価値、理想のシステム）を考えます。そしてその実現のためにこれまでやってこなかった独自性のある取り組みを考え出し、新しい関係者をも巻き込んで変革を実行する「逆算方式」で取り組みます。つまり **理想・理念から考える発想法** といえます。

ブレイクスルー思考は次の7つの原則に立ちます。

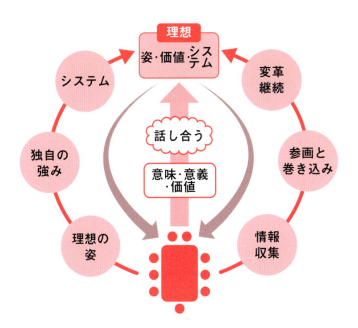

① 意味・意義・価値を定義　　②理想の姿　　③独自の強み
④ 理想を可能にするシステム　　⑤必要情報の収集
⑥ 参画と巻き込み　　⑦変革継続（継続変革）

この7つの原則をファシリテーションで次のように活用しましょう。

1）取り組みの意味・意義・価値を定義する

　問題解決とは「現状が期待水準より下にある状態（差：ギャップ）の解決」です。ですから標準に戻すための話し合いとなります。ブレイクスルー式会議では取り組みの「意味・意義・価値」をとことん話し合います。原因を分析的に「なぜ？」と追及したり、「何をどのように？」を話し合うのではなく、「何のために？」取り組むのかを進行役は問いかけます。こうして社会的目的、社会的役割（ミッション）を深めるのです。

　　・目的の本質：「私たちは何のためにこれに取り組むのか、について話し合いたいと思います」

　手段を目的化させるのではなく、手段そのものがどのような意味や意義、そして価値を持っているのか（持たせるのか）を深めます。

2）理想の姿（数年後の未来から見た「あるべき姿」）を話し合う

　ブレイクスルー思考では、問題を解決することで事が達成するとは考えません。「現在」でさえも組織やチームは「変化の過程」にあると考えます。積み上げ式で変化を予測するのではなく、3年先や5年先、法人ならば10年〜20年先の「あるべき姿」を参加者で話し合うことを重視します。これがビジョンを創造する会議です。

　一般的にビジョンは組織のトップが示すものといわれます。しかし会議

でそのような「トップダウン」をやってしまうと参加者は自律的に考えることをせず、決まったことへの責任感も取り組みへの参画意識も低くなります。

・ビジョン創造：「皆さんが〇〇年後、この法人（事業所、地域、市町村など）がどのようになっていればよいと思われるか、まずビジョンを自由に話し合ってみたいと思います」

進行役が、発言に「それはいいですね」「そういう考え方もありますね」と<u>肯定的なリアクション</u>をすると参加者も話しやすくなります。

3）独自の取り組みのアイデアや新しい発想を引き出す

ブレイクスルー思考では「新しいアイデアや発想」をとても大切にします。それは、問題解決を話し合う場合には、他での成功事例や参考事例を話し合うことに時間やエネルギーを使いすぎるからです。

問題とはそれぞれ個別のものです。個人や家族、地域や市町村によって環境や条件は異なるので、あまりに成功事例を参考にしすぎると「猿真似」の域を出ず、結果的に失敗を呼び込んでしまうことも起こります。

取り組む障壁は1つ1つユニーク（独自）なものです。「過去の延長線上に解決がない」ならば、取り組みも独自のアイデアや発想で話し合うことで「ブレイクスルー（壁を打ち破る）」になるのです。

進行役は参加者に「新しいアプローチ」を問いかけましょう。

・独自性：「私たちのチーム（組織）にしかないオリジナルな強みについて話し合いましょう」
・復活：「絶対に無理だと思い発言を控えたアイデアをお持ちの方はいらっしゃいませんか？」
・新規：「予算やルールは今は脇において、やれたら面白いなと思われるアイデアを皆さんで出し合ってみたいと思います」
・例外：「例外的にたまたまうまくいった成功事例をご存知の方、いらっしゃいませんか？」
・無茶：「ちょっと掟破りかもしれないけれどもやってみると意外な展開が期待できそうなアイデアをお持ちの方はいらっしゃいませんか？」

4）理想の姿を可能にするシステム（仕組み、ルール、理念）を話し合う

未来から描いた理想の姿が見え、そこに至るための<u>斬新な筋道</u>（ブレイクスルーへの道のり）にもいくつかの選択肢が出てきました。

次は理想の姿を可能にするシステムづくりの話し合いです。システムとは、組織やチームならば役割分担を見える化した組織図や業務の分担と質を担保するマニュアルやルールです。ここでも大切なのは現実から出発せず、未来の理想を実現できる<u>理想のシステム</u>を話し合うのです。

- 組織図：「理想の姿を可能にする組織図について話し合います」
- ルール：「理想の姿を継続するためにどのようなルール（マニュアル）があればよいでしょうか？」

5）目的を実現するための情報収集の方法を話し合う

　可能な限りの情報を集めて分析するのではなく、狙いを定めて効率的に最小限の情報（役に立つ質の高い情報）を集める手段について話し合います。ここでは行政が発表している数値などの統計情報ではなく、ソフト情報・感性情報、地元情報といった、足で歩いた**肌感覚の情報**に着目します。

- 最小限：「質の高い情報を提供してくれる人をあげましょう」
- ソフト：「○○の情報で詳しい方、思い浮かぶ方をあげましょう」
- 地域：「地元情報に詳しい方をあげましょう」

6）より質の高い達成のために誰を参画・巻き込むかを話し合う

　実現へのノウハウや人脈情報、感性情報は「その人」のなかに集約されています。実現に向けたアクションを左右するのは「誰に参画してもらうのか」にかかっています。

　ここでは多様な視点から、**リアルな人物名**（例：親族、近隣、なじみの人・店、友人・知人、専門職、地域の実力者）をあげ、その人が参画してくれることで「何が可能となるのか」を進行役は問いかけましょう。同時にどの筋の人脈からアプローチすれば協力を得やすいかまで話し合えばより実現に近づくことができます。

- 効率性：「一気に進めるために地域のどのような人（団体）に加わってもらうのがよいでしょう？」
- 影響力：「どの人（団体）に参画してもらうとネットワーク（取り組み）が広がるでしょう？」
- 人脈：「その人（団体）は、どの方からお願いすると参画してもらえるでしょう？」

7）継続的な変革のためにどのような取り組みが必要かを話し合う

　ブレイクスルーは一点突破ではありません。**小さな変革**の動きを継続的に行うことで**大きな変革**につなげる手法です。「立案→計画→実行」の次は定期的な「チェック」です。そこで修正・調整を行うことで変革のベクトルはらせん状に続いていくことになります。

　そのための「**持続可能な仕組み**（ルール）」を話し合いましょう。

- 継続：「継続的に行うためにはどんな仕組みがあればよいでしょう？」
「継続性を持たせるためにはどんな取り組みが必要でしょう？」

第13節 悪循環となる話し合いの切り抜け方

話し合いを進めるとなかなか積極的な質問や発言がされず重い空気が漂うことがあります。問題解決という前向きな会議をやっているはずなのに「それは難しい」と「できない理由＝やらない理由」を並べ立てる「悪循環のパターン」が起こってしまうのはどうしてでしょう。進行役としてどう切り抜ければよいでしょうか。

1 悪循環の「7つのパターン」を見える化する

会議には特有の悪循環があります。その多くは参加者の顔ぶれとテーマの重さ、**段取りのミス**が影響しています。

参加者で「保守的な人」「律儀な人」「自己中心的な人」「自己保身の人」が強めの発言を繰り返し、「同調しやすい人」「影響されやすい人」「自信のない人」がなびくというパターンがあります。こうなると話し合いは停滞し、さらに段取りのミスが重なると「特有の悪循環」に陥ります。

この悪循環を切り返す基本は**逆手に取る**ことです。

〈悪循環7つのパターン〉

① 前例主義　　② 形式主義　　③ 横並び主義　　④ 事なかれ主義
⑤ 言い訳主義　⑥ 鶴のひと声型　⑦ 先送り主義

1）前例主義

前例主義の人は「今までやったことがない」「そのやり方で失敗したことがある」のように、これまでの経験を踏襲する発言をします。これに同調する発言の人がいると会議の雰囲気は一気に前例主義モードです。この手の人はそもそもやる気が起こらないから前例を持ち出していることがあります。再度、意味の確認を行うか**条件整備**について話し合いましょう。

・意味の確認：「ご指摘のように大変だと思います。もう一度、なぜこれに取り組まなければいけないのか、皆さんで確認をしたいと思います」
・条件整備：「ではそのときどのような条件や環境がそろえばうまく

悪循環となる話し合い

7つのパターン

- 前例主義
- 形式主義
- 横並び主義
- 事なかれ主義
- 言い訳主義
- 鶴のひと声型
- 先送り主義

いったと思われますか？　その失敗の前例から学び、どのようにしたら失敗しないか、皆さんで話し合いたいと思います」

2）形式主義

　会議が**頓挫**する原因の1つに、参加者の誰かが、何かが「形式にのっとっていない」ことを問題視するということがあります。ささいなことでは、資料が形式どおりではないことに文句を言われる、重要なことでは部門や事業所の責任者の了解か話し合いが行われたかどうか、議事録が作成されたかどうかが定かではなく混乱を招くなどもあります。

　形式主義が悪いわけではありません。正しいプロセスを踏むことは質の高い仕事をするうえで大切なことです。しかし、過剰に形式上の不備を指摘する発言があれば、話し合いを進めることができません。このような場合、次のようにして早々の幕引きをはかりましょう。

- 資料の不備：口頭で説明を行ってもらう
- 手順の不備：手順の不備は言い訳せず、進行役か担当者が謝罪し、今後同様のことが起こらないように努力する旨を伝える

　なお、会議の目的に大きく影響する不備ならば話し合いの**先送り**を提案し、いつまでに不備を改善できるか、いつ再度話し合いを持つかを決めましょう。

3）横並び主義

　私たち日本人は「同じである」ことをとても大切にします。「出る杭は打たれる」ということを体感的に知っています。横並び主義で発言する人は、他の事業所や組織、自治体が「やっているならやる、やっていないな

> 頓挫

> 先送り

4　会議の進め方　〜パズルで構造化する〜

横並び意識

らやらない」とスタンスははっきりしています。この場合は横並び意識の弱点を突いて、他での実績や事例などをふんだんにあげてもらうように事前に「根回し」を行っておきましょう。なお「他所は他所、うちはうち」と発言する人もいますのでその対応も想定しておきます。

- うながし：「このようなケースは他の自治体や事業所でどのように取り組まれているか、○○さん、お話しいただけますか？」
- 分析と学習：「○○で取り組まれたことで私たちの市でも共通と思われることはどのようなことでしょうか？　そこから何を学べばよいでしょうか？」

「とても参考になりますね」「それができると素晴らしいですね」などのリアクションも忘れずに行います。

4）事なかれ主義

見て見ぬふり

事なかれ主義とは組織やチームに問題が生じているにもかかわらず見て見ぬふりをすることです。いってみれば「事を荒立てることはしない」というスタンスでいつもいる人のことです。この手の人は他の人に対しても「○○さんさえ黙っていれば事なきを得るから……」と平穏でいることを求めます。

新しいこと

また、組織やチームには新しいことに取り組むことを基本的に面倒がる人がいます。希望しない人事異動で今の立場にいる人や兼任の人は「仕事を増やしたくない」と考え、穏便にソコソコの仕事ぶりでこなそうとしがちです。トコトンやりとげたい人にとっては最も腹立たしいタイプです。

事なかれ主義には、問題にすることの「メリット・デメリット」、問題にしないことの「メリット・デメリット」を示し、「役割分担と責任範囲」を明確にします。

- メリット・デメリット：「ではやること、やらないことのメリット・デメリットの見える化をしたいと思います」（ホワイトボードを使うとよい）
- 役割分担と責任範囲：「今からそれぞれの役割分担と責任範囲を話し合います。何ができて何ができないか、どういう条件がそろえばできるかも含めて話し合いを進めていきます」

5）言い訳主義

できない理由

「行動を起こさない、役割を引き受けない」ために、できない理由ばかりを言い訳のように並べる人がいます。できない理由が悪循環を始めると会議は大きな壁にぶつかります。しかしできない理由を吐き出すこと（発散）も意味あることです。できない理由（本音）を克服できないと前へは進めないからです。

まずはできない理由を網羅し、共通性と関連性でグルーピングしましょう。そのプロセスを通じて「真の原因」を浮き彫りにし、「では、どうすればこれらを克服できるでしょう？」と前向きの話し合いに**転化**します。

- 発散：「では、できない理由を今から10分程度かけて出し切りましょう。そして原因や関連性を考え、どういう取り組みなら可能なのかを話し合っていこうと思います」

6）鶴のひと声型（年功序列、タテ社会）

会議で参加者のやる気がそがれるのは、立場や年齢が上の人の「鶴のひと声」で決まることです。参加者に「私たちの声を聞くのはただのポーズなの？」「しょせんガス抜きなのね」と思われては後々の行動に影響があらわれます。

年長者や立場が上の人の**長話**が始まる、**自論**ばかりを繰り返す、他の発言に耳を傾けないなどの悪循環が始まってもあわててはいけません。

他の参加者の発言に大きめの相づちや丁寧な発言の要約を行い、どの発言にも**肯定感**を示しましょう。決定にあたってはたとえ「鶴のひと声」を尊重する場合も必ず全員の意見をもらうようにします。

- 尊重：「貴重なご意見をありがとうございます」
- 平等：「○○の件については大切なことなので、ここで全員の考えを聞いて、それから決めていきたいと思います。では右から〜〜」

7）先送り主義

先送り主義とは問題の解決を**先延ばし**にしてしまうことです。結論が見えない、答えを出すのは面倒だ、とりあえず**やり過ごそう**とする人は次のような発言をします。

- 「今は環境や条件が整わないので、先送りしましょう」
- 「今、重大な問題となっていないならしばらく様子見をしてはどうか」

重いテーマほど話し合うのも負担なので他の参加者も同調しがちです。しかし解決を先送りしても、次の会議でもまた先送りすることも起こりがちです。進行役はできるだけ先送りしないように次のようなまとめ方をしましょう。

- うながし：「問題の先送りにより状況がさらに悪くなることも考えられます。この時点でできることについて話し合いたいと思います」
- 宿題：「次の会議に先送りするとして、それまでに何をやっておくべきかについて話し合いたいと思います」
- 平等：「このことは大切なことなので、ここで全員の方のお考えを聞いて、それから決めていきたいと思います。では右から〜〜」

第14節 苦情・クレーム対応を話し合う

　会議のなかでも苦情・クレーム対応の会議の進行役はつらいものです。それは「苦情・クレームは起こってほしくない」ことであり、なによりメンバーの気持ちは複雑に落ち込んでいることが多いからです。

　苦情・クレームの対応次第で信頼関係を生むこともあれば問題を広げることもあるので、慎重な話し合いをする必要があります。

1　「苦情・クレーム対応」の3つの意味を確認する

　事業所内の「苦情・クレーム対応」の話し合いでは、進行役は利用者の権利擁護とともにケアサービスとケアマネジメントの質的向上の「チャンス」として前向きにとらえる姿勢をはじめにメンバーに伝えましょう。

1）利用者の権利を守る

契約　　介護保険制度では、利用者と事業者との**契約**でサービス提供が行われています。苦情対応には、利用者が介護サービスを適切に利用できる権利をケアマネジャーとして擁護する大切な意味があります。

　また「不適切・不正な介護サービス提供」が発見されることがあります。この場合は地域包括支援センターに参加してもらい適切かつ迅速な対応を行います。

2）介護サービスの質の改善をうながす

　利用者（家族）には、運営基準や契約内容どおりのサービス提供だけでは十分ではありません。利用者（家族）の「望む生活（ニーズ）」を支えることに役立っているか、利用者の満足度はどうかの視点が重要です。

　苦情を介護サービス改善のきっかけとしてとらえ、事業者に対してどのようにサービスの質の改善・向上を働きかければよいかを話し合います。

3）居宅介護支援事業所運営とケアマネジメントの質の向上を図る

　苦情は地域や介護サービス事業者（例：契約解除の希望）、地域包括支援センターからも届きます。ケアマネジメント・プロセスのどこに不十分

さがあったのか、何が原因だったのか（例：ケアプランの説明不足、報告・連絡ミス）を真摯に振り返り、事業所運営とケアマネジメントの質の向上に活かすような話し合いを行います。

② 苦情・クレームの「レベル・正体・対応」を話し合う

　苦情・クレームについての話し合いでは、つい「誰が起こしたのか」と現場の責任追及になりがちです。そこで、進行では次のような流れに注意しなければなりません。

- ・利用者（家族）や事業者の「非」を探そうとする
- ・どうしようもなかった（不可抗力）理由や言い訳を表明する
- ・事情を十分に調べずに謝罪で事をおさめようとする
- ・苦情内容を「大したことではない」と過小評価する
- ・手持ちの情報を明らかにせずあいまいにする

　苦情・クレームとして届いた利用者（家族）の声も、分析すると利用者（家族）の **SOS** だったりケア内容の改善の提案だったりします。また権利侵害や法令違反に近い事実が隠されている場合もあります。先読みせず利用者（家族）本位の姿勢で冷静に話し合いを行います。

1）苦情の「7つのレベル」を確認し対応を話し合う

　苦情は、相談や問い合わせから始まり、おもむろに「実は～～」と不満や不安が語られるのが一般的です。苦情は相手の苦情レベルを推測し適切な対応を取らなければなりません。

① **不満レベル**：当事者は「腹を立てている状態」です。本人の不満をどのように改善すればよいか、その方向性を話し合います。

② **不安レベル**：どのような不安なのか、いつからなのか、相談できる人はいないか、などを話し合います。なお老人性うつ病や統合失調症などの精神疾患の場合には精神科医などに相談し対応しましょう。

③ **要望レベル**：要望には当事者なりの理由・根拠があります。妥当な要望なのか、どのように応えることが適切なのかを話し合います。代替案も含めてどのように先方に伝えるかを話し合います。

④ **小言レベル**：小言レベルの人は自分なりの考えや気持ちを伝えたいという思いで情報提供や提案のスタイルで苦情を話します。誰がどのタイミングで深く聞き、どのように対応するかを話し合います。

⑤ **批判レベル**：批判レベルの人は客観的な事実や法的根拠などに基づき論理的な言い回しで苦情を話します。改善案にまで高い関心を持ちます。

介護事故など補償や法的対応が想定されるならば話し合いに法人の責任者や弁護士に参加してもらうとよいでしょう。

⑥ **不信レベル**：不信レベルは感情的に「溝」ができている状態です。具体的な改善策も簡単には受け入れられません。不信を抱いた理由や経緯などの情報を把握し関係づくりができるよう話し合います。本人が信頼する人や主治医に同席してもらい話し合いを行うのもよいでしょう。

⑦ **非難レベル**：非難レベルの人は自分なりの理屈で言い募ります。言い分は支離滅裂で反論を認めません。言葉はときに乱暴で脅すような言い方をする場合もあります。非難レベルへの対応は地域包括支援センターや自治体等に相談を持ちかけ、地域ケア会議で話し合うことも検討しましょう。

2）「事実」と「主観」を確認する

事実は1つですが主観は1つではありません。主観は利用者（家族）の「受け取り方」です。苦情の内容を「起こった事実」と「本人の受け取り方」に整理します。さらにそのときの心身の状況や体力・体調、本人の生育歴・生活習慣・こだわり・価値観などの面からも分析します。

また苦情は事業者から届くこともあります。事業者の言い分（主張）と、言わざるを得ない事情を経緯も含めて事実を聞き取ります。

3）「苦情」と「問題」を整理する

苦情の表現はとても「感情的」です。不満・不安・不信を訴える当事者の気持ちは伝わってきても、何に困っているのか、何を問題としているのかは、なかなかわかりにくいものです。**感情的な言葉**を受け止めながら、何を問題としているのかを整理し苦情の全体像を浮き彫りにします。

〈苦情〉
・デイサービスの午後の送迎をなぜ60分遅らせてくれないのですか！

〈質問例〉
・「ご長男のご希望はわかりました。では、ご長男は実際にどのようなことに困っていらっしゃるのですか？」

〈問題〉
・仕事のシフトが遅くなり、残業のため仕事を早く上がれない
・早く上がると職場の人間関係が壊れる。働きづらくなる
・職場には介護をしていることは言っていない。同情されるのは嫌だ

〈解決策の例〉
・どうしたら送迎を60分遅らせることができるか
・送迎時の介護を訪問介護か通所介護のいずれの事業者で行うことができるか

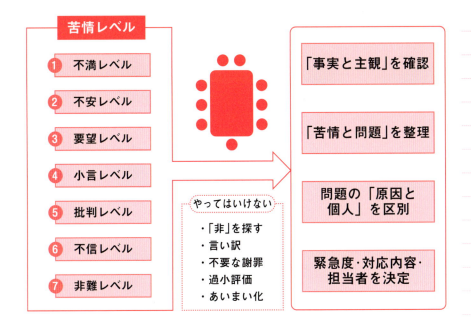

4）問題の「原因」と「個人」を区別する

　問題の発生原因を「〇〇さんだからこうなった」と個人に特定しがちです。しかし個人に責任転嫁すると苦情の再発防止や改善のチャンスにはなりません。原因と個人の資質を区別することで、事故の再発生や現場が抱えるリスクを予測し事前に対応することができます。

〈事実〉
　・Aさんが食事介助中にせきこんで食べ物を吐いた

〈原因〉
　・職員のBさんは入浴介助の時間が迫っているので焦って食べさせた
　・Aさんの体調がよくないことの申し送りがされていなかった
　・Aさんが嫌いな物だということをBさんは知らされていなかった
　・Bさんはまだ2か月目の新人で、技術的に未熟な点があった

5）対応の緊急度、対応内容、担当者を決める

　苦情の7つのレベルに基づき対応の緊急度を決めますが、苦情を受領した当日か数日以内に話し合いの場を持ちます。管理者だけでなく母体法人の責任者を含めることも検討します。

　苦情の内容次第で、事業所対応で済ますのか緊急のサービス担当者会議の開催、地域包括支援センターおよび自治体への報告・相談、地域ケア会議の要請をするのかなどを決めます。いずれも担当ケアマネジャーの裁量ではなく、責任主体である「居宅介護支援事業所」として動きます。

　なお予測されるリスク（危険）だけでなく、想定されるクライシス（危機）とトラブル（事故）の対応まで具体的にシミュレーションします。

第 5 章

サービス担当者会議に参加する

1 新規ケースのサービス担当者会議
2 更新時・区分変更時のサービス担当者会議
3 福祉用具・住宅改修のサービス担当者会議
4 退院後・退所後のサービス担当者会議
5 「引き継ぎ」に伴うサービス担当者会議
6 相談支援専門員の会議

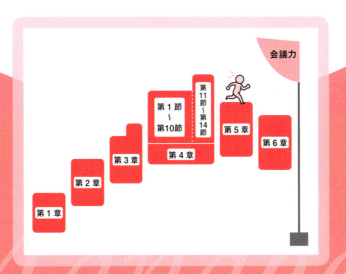

第1節 新規ケースのサービス担当者会議

サービス担当者会議はチームケアのスタートの場であり、利用者（家族）、各介護サービス事業所、医療チームの**初顔合わせの場**です。ケアチームが一堂に会する会議の場は、チーム同士の「顔の見える関係」で面の支援が可能になります。ここでは方向性とケア内容を共有し、利用者（家族）とケアチームの信頼づくりと意欲づくりの場となることを目指します。

さらに、これからの暮らしで予測されるリスクを話し合うことはリスク要因を共有でき、リスクの分散にもつながります。必ず確認しましょう。

1 新規のサービス担当者会議の進め方の勘所

新規のサービス担当者会議は事前準備を丁寧に行います。主治医の参加が難しいならば、事前に必ず**申し送り**をもらい、話し合いの冒頭に紹介をします。初めての顔合わせは緊張感もひとしおです。次の勘所を押さえて進行を行います。

1）話し合いの雰囲気づくり（出迎え、名刺交換、着席、ねぎらいの言葉、自己紹介）

開催場所は利用者の自宅が基本ですが、主治医・担当医が参加しやすい病院・診療所・介護老人保健施設の会議室などもよいでしょう。

当日は早めに到着し、部屋の空気の入れ替えや室温の調節などを行い、10分前には出迎えの準備を終えておきます。

〈名刺交換と着席〉

始まる前に名刺交換をします。初顔合わせなので簡単な**他己紹介**（例：「こちらは○○事業所の○○さんです」）をしてから名刺交換をしてもらいましょう。ちょっとした**言葉添え**（エピソードなど）が親近感を生みます。

席順はあらかじめ決めておき、その場所に誘導します。Ａ４判のコピー用紙を三つ折りにして**名札**にするのもよいでしょう。会議中に利用者（家族）や出席者が何度も確認できます。

60分

出迎え準備

1. ねぎらい / 名刺交換 / 自己紹介 …… 5分

2. 流れの説明→資料の確認→グランドルール→ …… 3分

3. アセスメント（現状・困りごと・願い） …… 15分
   - これまでの暮らし
   - 生活歴・職歴
   - 家族構成
   - ADL・IADL・CADL
   - 現状の心身機能
   - 疾患・治療状況
   - コミュニケーション
   - 人間関係
   ※本人（家族）にも話してもらう

4. **ケアプランの説明 17分**
   - (1) 第1表の説明（本人の意向・家族の意向） 2分
   - (2) 課題整理総括表 5分
   - (3) 第2表の説明 5分
   - (4) 第3表の説明 2分
   - (5) 総合的な援助の方針 3分

   ※各項目ごとに質問を受け付ける
   ※(3)(4)では個別サービス計画（原案）の説明を事業所にしてもらう
   ※(5)の説明を(1)の後に行ってもよい

5. **話し合い（協議） 15分**
   - 内容修正
   - 役割分担
   - 期間調整
   - 提案調整
   → 相づち / 小まとめ

6. **まとめ 2分**
   - 決まったこと
   - 再検討すること
   - 打ち合わせのスケジュール化

7. **振り返りと思い 3分**
   - 本人と家族
   - ケアチーム
   - ケアマネジャー

↓ 1か月後

確定プランのサービス担当者会議

5 サービス担当者会議に参加する

開始は定刻が基本です。案内状には5分前集合・定刻開始を明記し、遅れる場合は「即連絡」を文面でお願いしておきましょう。

ねぎらいの言葉は利用者を中心にケアチームの皆さんにかけます。

・「本日はお忙しいところ時間を調整いただきありがとうございます」

参加者の自己紹介は議事の進行表に一覧表をつくっておくと便利です。自己紹介の時間は1人10秒〜30秒程度とします。

なお、途中参加者・途中退席者、欠席者は最初に伝えます。いきなりの退席は会議のムードや進行に影響を及ぼすからです。

2）進行の流れを段取る：レジュメ、グランドルール、資料の確認

話し合いのテーマの洩れの防止と参加者に進行に協力してもらうために、進行用レジュメ（概要資料）を用意し、進行役が流れを説明します。

テーマごとに話し合いの目安の時間を分単位で区切っておくと、ケアチームも確認ができるので大幅にずれることも防げます。特に利用者（家族）にとっては初めてですから、とても大切な配慮です。

始める前に「このような流れで進めさせていただきます。皆さんのほうでつけ加えることはありますか？」と確認をとります。ただし説明が力みすぎると「場を仕切る」オーラを出してしまうことになります。場を萎縮

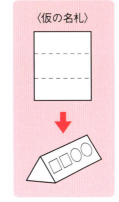

〈仮の名札〉

分単位

させないように落ち着いてやさしく話すようにします。

グランドルール　次に話し合いの**グランドルール**（決めごと）を伝えます。

> ・「発言は少し大きめの声でお願いします」
> ・「短い時間ですので、発言は1分～2分を目安にお願いします」
> ・「発言されるときは挙手をお願いします」

資料は、ケアプラン原案（利用者用はＡ４判では文字が小さいのでＡ３判に拡大コピーするとよい）、アセスメントシート、利用者基本情報、課題整理総括表、主治医からの指示書を配布します。

3）ケアプラン原案の説明および個別サービス計画原案の説明

ケアプラン原案の説明はケアマネジャーがどのようにプランを作成したか、「思考の流れ」が伝わるように話します。「文面を読み上げ、次に解説を行う」というパターンだとわかりやすくなります。

事業所が作成した個別サービス原案の説明は第２表の説明のときに随時折り込むとよいでしょう。

生活用語　専門用語はできるだけ控え、**生活用語**（更衣→着替え、入浴→お風呂に入る）に言い換えます。サービス内容は「介護の内容、提供する内容」、サービス種別は「役割分担」、頻度は「回数」と言い換えます。

> 〈説明の順番〉
> ①アセスメント情報（現在の状況、不安・困りごと、願い・望み）
> ②第１表の「利用者及び家族の生活に対する意向」欄（本人、家族）
> ③課題整理総括表から抽出された「生活全般の解決すべき課題（ニーズ）」
> ④第２表の「長期目標」「短期目標」「サービス内容」「サービス種別」「頻度」
> ⑤第３表の「週間サービス計画」
> ⑥第１表の「総合的な援助の方針」※これは②の後に説明を行ってもよい。

※15分程度で収めるためには、サービス担当者会議前に利用者（家族）向けに30分程度、詳細な**事前説明**の時間を持つ工夫もよいでしょう。

事前説明

4）利用者を無視しない、話をさえぎらない、受け止める

専門職や家族から発言があるときは、必ず利用者の表情や様子をこまめに気にしましょう。とかく家族ばかりが話しがちなときは注意します。本人が何か言いたそう・不満そうだったら感想や意見を求めましょう。

・「今の意見についてご本人（○○さん）としてはどうお考えですか？」
・「今の話し合いで何かご不安はありませんか？」

利用者や家族の話は基本的にさえぎらないようにします。ただ、やたら長く、とりとめのない話になるときは、「途中で申し訳ありません。今、

話された内容は……ということでよろしいでしょうか？」と利用者（家族）の話の内容を要約して返すのも1つの方法です。

サービス事業所からのケアプラン原案への提案や意見があれば、まずは「そういう考え方もありますね」と受け止め、どのように反映させればよいかを話し合いましょう。

5）メリハリのある進行：小まとめ、相づち、提案型で話をふる

新規のサービス担当者会議は話し合う内容がたくさんあるので、メリハリのある進行をしなければ2時間を超えるくらいの長時間にわたることもあります。それでは利用者に体力的負担がかかってしまいますので、次のように工夫をしましょう。

- テーマごとに「話し合う時間」の目安を示す
  例：「通所介護での食事介助について5分程度話し合いたいと思います」
- いきなり話し始める、要領を得ずに話が長い、いちいち反応をするという人には、グランドルールを再確認する
- 発言を苦手とする人には、まずは進行役が大きくうなずき、ときおり「相づち」を入れてうながす
  例：「なるほど」「それはいい発想ですね」「そういう視点も大切ですね」
  　　「もう少し〇〇の点を詳しく話していただけますか」
- 小まとめは発言ごとにする必要はない。5つ〜7つ程の発言で1回入れる。要約することで話し合いにまとまりが生まれる
- 進行役が利用者（家族）や事業所に「〜しましょう」という言い方をすると指示・命令的な印象を与えることがあるので提案型で話す
  例：「〜と考えてみるのはいかがでしょうか？」

2　1か月後の確定プラン会議

新規ケースでは1か月後に確定プランのための会議を開きます。1回目の会議の終了時に1か月後の会議の日程を決めて終了します。その際に確定プランの会議で行うことをあらかじめケアチームに示しておきます。

〈協議項目〉
- 利用者の自助（できること、やってみたいこと）
- 家族のかかわりの状況と困りごとなど
- ケアプランの利用状況とサービス満足度
- 1か月間の心身の変化と暮らしの変化
- 1か月間の困りごとや先々の不安、介護サービスへの希望や改善策

第2節 更新時・区分変更時のサービス担当者会議

更新時のサービス担当者会議はおざなりになりがちです。その原因には、すでにサービスがスタートしているので安心感がある、忙しいので時間をかけられない、特に変化がないので話し合う内容がない、などがあげられます。しかし、更新時のサービス担当者会議は「これまで」のチームケアを振り返り、「これから」のチームケアに仕切り直す会議です。

> 仕切り直す会議

1 更新時（区分変更時）のサービス担当者会議の「5つの役割」

更新時（区分変更時）のサービス担当者会議はケアチームを構成する各事業所や医療チームが持っている利用者情報（アセスメント含む）を交換し、認識を共有し、ケアプランおよび個別サービス計画書を協議・合意し、リ・スタートする場です。次の5つの役割を担っています。

① これまでの暮らしの変化を振り返る
② 利用者・家族の工夫や経験、専門職の知識や技術を交流する
③ 情緒的におたがいを支え合い、苦労やがんばりを共有する
④ これからの暮らしのために多様な視点から見立て・手立てを話し合う
⑤ リスクを予見し対応策をシミュレーションする

これらの役割を最大限に活かすために次のように会議を進めます。

1）これまでの暮らしの変化（改善・向上、低下・悪化）を振り返る

更新時のサービス担当者会議でおろそかになっているのが「これまでの振り返り」です。介護を受ける期間が数年から十数年にわたるなど、長期となっています。新規のサービス担当者会議以降はすべて更新時のサービス担当者会議です。法令遵守だけを意識した形式的なものではなく、しっかりとしたモニタリングの場としなければいけません。

評価表をもとに、「これまで」の領域ごとの「変化（改善・向上、低下・悪化）」を確認し、チームケアの成果と課題を明らかにしましょう。

サービス担当者会議の流れ（50分）

50分

出迎え準備

1. ねぎらい / 名刺交換 / 自己紹介 … 2分
2. 流れの説明→資料の確認→グランドルール … 3分
3. 振り返り … 10分
   - （苦労とがんばり）
     - 利用者
     - 家族
     - ケアチーム
   - （これからの思い）
     - 利用者
     - 家族
4. アセスメントの説明 … 5分
   - ケアマネジャーからの説明
   - サービス事業所からの説明
5. ケアプランの説明 … 10分
   - （1）第1表の説明（本人の意向・家族の意向） … 1分
   - （2）課題整理総括表 … 3分
   - （3）第2表の説明 … 2分
   - （4）第3表の説明 … 2分
   - （5）総合的な援助の方針 … 2分

   ※各項目ごとに質問を受け付ける
   ※（3）（4）では個別サービス計画（原案）の説明を事業所にしてもらう
   ※（5）の説明を（1）の後に行ってもよい
6. 話し合い（協議） … 10分
   - 見立て ＋ 手立て → 修正／提案
7. リスクマネジメント … 5分
   - リスクの予測
   - リスクの分散化
   - リスクの対応策
8. まとめ … 2分
   - 決まったこと
   - 再検討すること
   - 打ち合わせすること
9. 振り返りと思い … 3分
   - 本人と家族
   - ケアチーム
   - ケアマネジャー

→ 次回のサービス担当者会議の確認

　サービス事業所にはあらかじめ準備をしてもらい、訪問介護ならばホームヘルパーの感想、通所介護ならばスタッフの感想やサービス時の様子を**動画**や**写真**などで発表してもらいましょう。

〈会議で押さえておきたい「変化」〉
・利用者の心身の変化
・利用者の暮らしの変化
・介護者の心身の変化、暮らしの変化、働き方の変化など

　特に区分変更時の会議では、要介護度の改善・悪化となった要因と経緯、アセスメント情報を丁寧に話し合いましょう。

2）利用者・家族のがんばりや工夫（経験）、専門職の知識や技術・工夫（経験）を交流する

　体力・体調が改善し、「できること」が増える一方で、体力・体調が低下し「できないこと」が増えることも想定されます。

　これまでのケアプランと個別サービス計画書、課題整理総括表、評価表、アセスメントシートなどを手元に置いて、どのような実践が行われたかを話し合い、これから改善すべき課題などを浮き彫りにします。

> 〈話し合いのポイント〉
> ・利用者本人なりの「自助の工夫」を話してもらう
> ・家族介護の工夫や経験を共有する
> ・介護サービス（訪問介護や通所介護、通所リハビリや訪問看護、短期入所、福祉用具）などの現場での知識や技術・工夫や経験を共有する

3）情緒的におたがいを支え合い、苦労やがんばりを共有する

　要介護となった暮らしは、とてもストレスがかかるものでしょう。食事・排泄・入浴など自分で行えていたことができない・支障があるということに加え、家族や専門職に介助をお願いすることは本人の自立（自律）心を傷つけることがあります。とりわけ「何もしない（できない）時間」を持て余してしまう日々は利用者本人にとって相当なストレスです。

　家族も本人のストレスや葛藤を直接受け止めるためストレスは大きくなるでしょう。特に同居をしている場合、介護が365日続くことになります。ストレスはやがて**虐待的な介護**（例：暴言、暴力、放棄）となり、悲惨な結果（例：介護虐待、介護殺人）を生む危険さえはらんでいます。

[欄外：虐待的な介護]

　サービス担当者会議は情緒面のつらさ、苦労やがんばりを共有するプロセスそのものが「支え合い」となります。

> 〈共有すること〉
> ・利用者の苦労とがんばり、これからの思い（不安・困りごと、願い・望み）
> ・家族の苦労とがんばり、これからの思い（不安・困りごと、願い・望み）
> ・ケアチームの苦労とがんばり

4）これからの暮らしのために多様な視点から見立て・手立てを話し合う

　これまでの暮らしの「振り返り」は約5分〜10分をかけて行います。その流れで現状の困りごとや不安と取り組むべき課題を浮き彫りにします。

　次に更新月の1か月前からケアチームで分担してきたアセスメントの説明を行います。そして新たなケアプラン原案と個別サービス計画原案をもとに「これからの暮らしへの利用者（家族）の意向」を確認し「支援方針」「支援計画」を話し合います。

　新規と更新時（区分変更時）のサービス担当者会議の大きな違いは、「サービス提供を通したアセスメント情報」と「ケア内容への具体的な提案」を各サービス事業所が持って参加できることです。そのことで多様な視点から実践的な**見立てと手立て**の話し合いが行えます。

[欄外：見立てと手立て]

　ケアプランの話し合いは、ケアマネジャーの一方的な説明に終始するのではなく、各サービス事業所に直に情報提供や提案をしてもらいましょ

う。そのために具体的な準備を依頼しておきます。

〈説明すること〉
- アセスメント：現状のADL・IADL・CADL、困りごと・不安と望み・願い
- ケアプラン第1表の説明
- 課題整理総括表およびケアプラン第2表の説明（課題、目標、サービス内容、サービス種別、頻度など）
- ケアプラン第3表の説明

〈話し合うこと〉
- 本人（家族）の意向、不安（心配ごと）
- ケアプラン第2表の「課題、目標、サービス内容、サービス種別、頻度」を個別サービス計画書（原案があると理想）を元に話し合う
- ケアプラン第3表の「週間サービス計画」の記入内容など

〈CADL〉
文化的日常生活動作を指す。本人の楽しみや趣味、役割、こだわり、生きがいなどをまとめたアセスメント領域のこと。

ケアプラン原案への提案・修正はプランに直に記入し、後日、修正内容を反映したケアプランを持参し押印してもらうことを依頼しましょう。

5）これからの暮らしのリスクを予見し対応策をシミュレーションする

ケアマネジメントにおいてリスクマネジメントは重要な要素です。リスクはケアマネジャーだけが予測しているのでなく、サービス事業所とも共有し、**リスクの分散**を図ることが大切です。

リスクの分散

次の更新時のサービス担当者会議までを視野に入れ、次の領域ごとにリスクを予測し対応策をシミュレーションしておくことで、**万が一の事態**のときにすぐに動けます。内容によってはケアプランに記入しましょう。

万が一の事態

〈予測しておくとよい領域〉
- 身体機能の低下・悪化のリスク：主な疾患に関する主治医など医療チームからの申し送りや家庭内事故（転倒・転落）などの対応策を話し合う
- 精神面の機能低下・悪化のリスク：閉じこもりや朝夕のうつ症状、希死念慮や認知症状、ストレスなどを予後予測し対応策を話し合う
- 体調管理・服薬管理のリスク：医療チームからのアドバイスをもとに服薬や食事・運動・水分補給・排泄などのリスクと対応策を話し合う
- 家族介護のリスク：家族だからこそ葛藤があり強いストレスがかかる。介護方法の習得、介護ストレスの軽減など、虐待的介護とならないためにリスクと対応策を話し合う
- 生活環境のリスク：災害時（例：水害、地震、火事、雪害、孤立）の対応・避難、家電製品の事故、消費者被害、交通事故などのリスクと対応策を話し合う

第3節 福祉用具・住宅改修のサービス担当者会議

サービス担当者会議のなかでもテーマがはっきりしているのが福祉用具と住宅改修のサービス担当者会議です。いずれの会議も新規利用や更新時の会議とは別枠で開かれることが多いのが特徴です。利用者・介護者の心身機能の変化によって利用する種類等が多岐にわたるため、廃用症候群や**誤用症候群**を引き起こさないためにも、それに絞ったテーマの会議が必要だからです。

この2つの会議には次の4つの特徴があります。
①ケアチーム以外の参加者（例：建築士、工務店）が多くなる
②話し合われる内容が専門的になりがちで利用者（家族）には難しい
③福祉用具の種類が多く価格も複雑であり、さらに、レンタルと購入の2択がある
④住宅改修の適用には市町村ごとの**ローカルルール**があり、介護保険の枠内では足らずに保険外の住宅改修を伴うことがある

1 福祉用具導入のサービス担当者会議のポイント

1）福祉用具を使う「生活環境」をアセスメントし情報提供する

福祉用具の場合、例えばこれまでデイサービスのみの利用だった人に対し、車いすや4点杖、シャワーチェアーやポータブルトイレなどの導入を家族から突然に要望されるといったことが起こることがあります。

福祉用具の導入となればケアプランの変更と福祉用具サービス計画も必要となり、利用者（家族）およびケアチーム全員と福祉用具専門相談員を含めたサービス担当者会議を開くこととなります。

また病院から退院して自宅に戻るときに、入院中に使用していた福祉用具をそのまま使うケースがありますが、うまく使いこなせないということも起こりがちです。入院中の環境と居住環境に差があるのに、福祉用具を使用する**生活環境**のアセスメントが不十分で、ミスマッチが起こるからで

す。

　福祉用具導入にあたり福祉用具専門相談員に生活環境のアセスメント情報を具体的に提供しましょう。この情報は住宅改修のときにも重要です。

〈生活環境の情報〉
・居室内：間取り、家具の配置、出入り口や扉の構造、窓やベランダの位置・大きさ、床の部材、洋室・和室・空調・風通し、明るさ・暗さ
・屋内：トイレの形状と居室からの距離、浴室・脱衣場・浴槽の形状・洗い場の広さ、廊下幅と段差・手すりの位置、玄関の段差・広さ・扉の形状、台所の流しや調理台の高さと形状など
・屋外：玄関アプローチの形状、出入りのしやすさ、駐車場の形状と広さ
・集合住宅：エレベーターや階段の状況、通路の幅、玄関の段差など

2）利用者・家族の「生活動線」を把握し、状態変化時の対応を決めておく

　利用者と家族の「生活習慣」と「生活動線」を具体的に把握し、可能ならイラストやデジタル写真などで福祉用具専門相談員に情報提供をします。福祉用具がどの場面で必要なのか、自立支援にどのように効果的なのかを会議で話し合うことで導入後のミスマッチを減らすことができます。

　また、状態が変化しやすい進行性の疾患や難病、ターミナル期の利用者

では、数日単位で福祉用具に不具合が生じ、対応が遅れ、それが褥瘡の発生につながることもあります。医療・看護・リハビリ専門職などと導入後の**予後の見立て**を行い、機種の変更や早期の対応が行えるようにシミュレーションしましょう。

3）福祉用具サービス計画書とケアプランを連動させる

福祉用具導入にあたってはサービス担当者会議の開催が義務づけられています。福祉用具は、ケアプランの利用者（家族）の意向と課題の達成、自立（自律）支援のために導入されます。ケアプランと福祉用具サービス計画書がどのように連動しているのか、**導入の根拠**を会議でプレゼンテーションすることでケアチームの認識が共有され、効果的な活用が可能となります。

〈ケアプランと福祉用具サービス計画書の関係〉
・生活全般の解決すべき課題（ニーズ）　⇔　福祉用具が必要な理由
・長期目標・短期目標・サービス内容　⇔　利用目標
・選定理由（福祉用具サービス計画書のみ。利用者の状態像と個別性に照らし、どういう特性と機能を持った種目と機種を選定したのかを記載）

4）福祉用具を使用する際のけがや事故につながるリスクを共有する

福祉用具は使用者の状況や使用方法、**使用環境**によってはけがや事故につながります。メリットもありますが、使い方次第でデメリットになる面もあります。福祉用具サービス計画書の「留意事項」に使い方によってはけがや事故・心身の機能低下につながるリスクを記載してもらい、サービス事業所も参加する会議の場で直接説明をしてもらうように働きかけましょう。また、慣れからくる誤操作や状態像の変化による不具合もけがや事故につながります。そのような変化も見逃さないよう、定期的なモニタリングと情報の共有のルールを決めておきます。

5）福祉用具専門相談員と協働でサービス担当者会議を進める

福祉用具導入のサービス担当者会議の主役のもう1人は「福祉用具専門相談員」です。緊急の退院に伴う新規の利用者では、ケアプラン作成と福祉用具サービス計画書作成が同時並行で進まず、福祉用具サービス計画書のほうが先行することもあり、チームケアにちぐはぐ感が生まれたりします。

サービス担当者会議はチームケアに**まとまり**をつくる場です。福祉用具を使う利用者（家族）はもとより、サービス提供時に使うサービス事業所のメンバーや医療チームで、導入にあたっての目的、使用方法、リスクの共有だけでなく、予後の見立てやリスクの予測を行い、想定されるシーン

のシミュレーションを話し合います。

2 住宅改修のサービス担当者会議のポイント

　住宅改修時のサービス担当者会議の開催は利用者の自立した生活に効果があり、適切なケアマネジメント作業が求められます。

1）住宅改修の目的と介護保険の枠内と枠外を話し合う

　サービス担当者会議では住宅改修の目的を話し合います。

〈住宅改修の目的：例〉
- 手すり設置や便器交換などで自分の生活習慣で暮らせることを目指す
- 玄関の段差解消で転倒や転落などの家庭内事故を予防する
- 家族を含めた介護者の負担軽減を目指す
- 玄関から道路のスロープ化により地域への参加を目指す

　目的によって介護保険の対象となるかどうか（上限額20万円）、自費でどこまで行うのか、も話し合いましょう。

〈介護保険の対象となる住宅改修〉
　廊下や階段・浴室への手すりの設置、段差の解消のためのスロープ設置、滑りの防止のための床材変更、引き戸等への扉の取り替え、洋式便器等への便器取り替え、その他これらの工事に付帯して必要となる工事

2）注意したい「事業者選定」

　事業者には中小の建設会社やリフォーム会社、工務店、福祉用具事業者などがあり、知識も経験値もさまざまです。市町村の指定事業者か、福祉住環境コーディネーターの有資格者かなどは選定の1つの目安となります。

　住宅改修は高価でやり直しがきかないので、利用者の意向や不安、こだわりに寄り添った話し合いになるように心がけます。特に高齢の利用者や介護者には専門用語や建築用語はわかりづらいので、写真や動画などを使って十分にわかる説明をしてもらえるように事前に依頼しておきましょう。

〈住宅改修事業者を選ぶ基準〉
- 過去に住宅改修の実績があり実例の資料や写真を見せてくれる
- 予算内で収まるように柔軟な発想で複数のプランが立てられる
- 福祉用具を生かしたバランスのとれた改修プランが立てられる
- 顕在化していないニーズや将来を予測した改修プランを提案できる
- 介護保険制度や市町村の助成制度、金融機関の融資にも詳しい

第4節 退院後・退所後のサービス担当者会議

　医療と介護の連携のなかでも重要なサービス担当者会議は、病院および介護老人保健施設等から自宅（居宅）に退院・退所した後の会議です。医療・リハビリチームの持つ情報をケアチームが的確にキャッチして共有し、これから始まるケアに生かすためのリ・スタートとなる場です。

1 病院からの退院後のサービス担当者会議の「3つの段取り」

　すでにかかわりのある利用者の病院からの退院には、①状態が回復したことによる退院、②ターミナル期で自宅での看取りを希望した退院の2つがあります。いずれも入院時・退院時の「引き継ぎ」と「病院カンファレンスへの参加」がポイントです。

1）入院時の「引き継ぎ」の準備を忘れずに行う

　退院時支援には、入院時の引き継ぎが大きく影響します。そのため、入院時から退院を見越して準備することが必要です。まずは、病院の地域連携室（病院によっては医療相談室か医療連携室）か医療ソーシャルワーカー（MSW）に**入院時情報提供書**を提出します。そして、入院時カンファレンスに参加し、次のことを口頭で情報提供します。

> 〈入院時の情報提供〉
> ・支援経過、家族構成、家族の介護力、キーパーソン
> ・在宅での介護の状況、医療以外の問題点（例：食事、排泄、家族関係、経済状況、病識の有無と認識、病気の受容レベル、会話レベルなど）
> ・居住環境と居室の状況、トイレや風呂などの状況

2）退院前カンファレンスに参加するときのポイント

　病院では退院指導と退院調整をする看護師やMSWが退院支援を行っています。退院前カンファレンスには在宅側からは家族、ケアマネジャー、

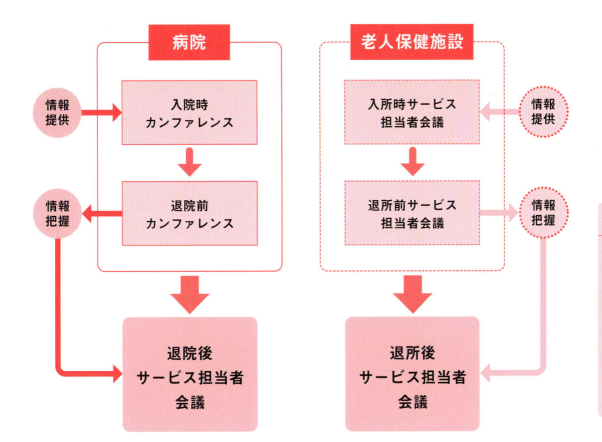

在宅かかりつけ医、訪問看護師、リハビリ担当者、かかりつけ薬剤師等が出席するのが理想的です。状態が安定していれば本人も参加します。

退院前カンファレンスは30分程度ですので、利用者（家族）の意向や自宅の状況、療養環境や家族の介護力、服薬管理の状況などを伝えるとともに、事前に**質問事項**はまとめておきましょう。

〈質問事項〉
・入院後に病状はどのように変化し安定したか
・退院までの治療方針と在宅復帰に向けて準備しておくこと
・退院後、通院での受診の必要性
・これからどのように症状が変化することが予測されるか
・再入院の可能性とどのような症状なら再入院となるか
・服薬内容と服薬管理の方法
・退院後の相談窓口について

3）退院後のサービス担当者会議のポイント

入院前に比べ退院後でサービス内容がかなり増えることがあります。例えば入院前は訪問介護を週3日だけ利用していたのが、退院後は訪問看

護、通所介護、福祉用具（車いす貸与）、居宅療養管理指導、配食サービスなどを利用するとなればケアプランが大幅に変わることになり、新規のサービス事業所に参加してもらうサービス担当者会議となります。

　退院後のサービス担当者会議は自宅で行うことになります。ケアマネジャーは退院前カンファレンスに基づきケアプラン原案を作成し、事前に事業所に伝えます。できれば退院の当日か翌日には届くようにします。

〈話し合うテーマ：例〉
・今後起こり得る病状の変化への対応と悪化を防ぐための注意点
・訪問診療、訪問看護、訪問リハビリテーションの必要性の有無
・緊急時の連絡体制、再入院時の対応について
・医療機器の取り扱いの注意点と誰が行うのか
・服薬内容と服薬管理の方法、誰が行うのか
・快適な療養環境の整備と福祉用具等の検討
・住宅改修の必要性の有無
・介護者の介護負担の軽減策　　など

〈進行にあたっての注意点〉
・難解な医療用語や薬などの専門用語はわかりやすく説明してもらう
・病状や予後予測にはネガティブな情報も多く、利用者（家族）がショックを受けないよう表現には配慮をしてもらう
・福祉用具の使用についてはリハビリ専門職からのアドバイスをもらう
・模造紙を貼るスペースがあれば、図解したりイラストを描くことで話し合いにまとまりをつくる
・在宅の療養生活でのリスクと注意点について丁寧に説明してもらう

2 介護老人保健施設からの退所後のサービス担当者会議のポイント

　介護老人保健施設からの退所には、①病院を退院後、在宅復帰を目指し介護老人保健施設でリハビリテーションを受けてから退所する（新規ケース、継続ケース）、②在宅生活を送っているが心身の機能低下が著しく、リハビリテーションを目的に1か月〜3か月間入所し、改善がみられたので退所となる（継続ケース）、という2つのパターンがあります。

　継続ケースでも介護老人保健施設入所でいったん契約は切れることになります。この場合、退所後にサービス担当者会議を行い新規ケースと同じ

ケアマネジメントプロセスのステップを踏み、ケアプランも新しく作成することになります。

1）入所時の「引き継ぎ」で行う情報提供

在宅から介護老人保健施設に入所し、在宅復帰を目指す「往復型」では、入所時の情報提供がリハビリテーションに大きく効果を発揮します。まずは、入所時に支援相談員にケアマネジメント情報を提供します。できる限り入所時サービス担当者会議に参加し、次のことをリハビリ専門職や医療チームに情報提供します。

〈情報提供の内容〉
- 支援経過、家族構成、家族介護の状況、キーパーソン
- 在宅での介護の状況、医療以外の問題点（例：食事、排泄、家族関係、経済状況、病識の有無と認識、病気の受容レベル、会話レベルなど）
- 居住環境と居室の状況、トイレや風呂などの状況
- 在宅生活でのリスク（例：転倒、ふらつき、転落、溺水、嚥下困難など）
- 福祉用具の使用目的と場所および使用状況
- 利用者にとって安心できる環境（例：落ち着く声かけや話題、好みの居室や過ごし方、BPSDが起こりやすい時間帯など）

2）退所前サービス担当者会議と退所後サービス担当者会議のポイント

退所時のサービス担当者会議は施設と在宅の「ケアの連続性」を目指し、「退所前と退所後」両方での開催が理想です。退所前会議は介護老人保健施設内で開けば医療・リハビリチームが参加しやすく、在宅復帰のために自宅を訪問し環境評価をしたリハビリチームから利用者（家族）やケアチームも直接アドバイスを受けることができます。退所後の会議は1週間以内に自宅で開き、介護老人保健施設のリハビリ専門職に退所後支援として参加してもらうことが理想的です。

なお、退所前に数回の**お試し外泊**を行うことで問題点も浮き彫りになり、新規の福祉用具の導入や住宅改修の検討、介護サービスなどのサービスを事前に検討することが可能となります。

〈進行にあたっての注意点〉
- 入所時からの変化（改善・向上、維持）などを確認する
- 在宅でのリハビリテーションを具体的に話し合う
- 福祉用具の使用についてリハビリ専門職からアドバイスをもらう
- 在宅生活でのリスクと注意点について丁寧に話し合う

第5節 「引き継ぎ」に伴うサービス担当者会議

在宅でのケアマネジメント・プロセスの「終結」とは、死亡を除けば、その多くは介護保険施設への入所や居住系施設への入居、遠方への引っ越しです。その場合には居宅介護支援事業所の変更となるので引き継ぎが必要となります。引き継ぎは、書類のやりとりや電話で済ますのではなく、双方のケアチームが会した**引き継ぎ業務**が行われることで「ケアの連続性」が守られることになります。それを可能にしてくれるのが「引き継ぎ」に伴うサービス担当者会議を開くことです。

1 どのようなときに引き継ぎのサービス担当者会議を開くか

引き継ぎ業務には具体的に次のパターンが想定されます。

> ・遠方の市町村への引っ越しを伴う事業所変更
> ・介護保険施設、有料老人ホーム入所に伴う事業所変更
> ・地域密着型サービス(認知症グループホーム、小規模多機能型居宅介護)への移行および居住系施設への入居
> ・トラブルや利用者(家族)からの申し出による事業所変更

引き継ぎのサービス担当者会議を行う理由は次の3つです。
・書面だけではこれまでの自宅での暮らしぶりや本人らしさが伝わらないため
・引き継ぎがないと利用者基本情報が手元にない状況でケアプラン原案をつくらざるを得なくなるため
・これまでのケア現場で培われた経験や工夫を引き継ぐため

引き継ぎのサービス担当者会議を行うことで、効率的かつ効果的に「次なるケアマネジメント・プロセス」のよきスタートがきれます。

しかし、現実にはなかなか行われていません。その理由には、いきなり

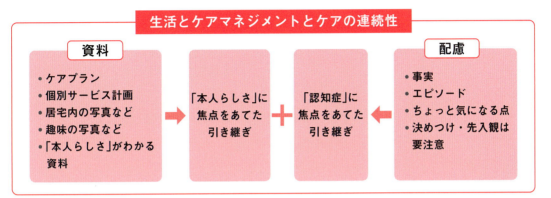

入所が決まるため準備ができない、制度上は開くことが義務づけられていない（減算・加算規定がない）、引き継ぐための会議を開くという意識がないなどが考えられます。

　利用者のケア情報には、ケアプランなどの書面だけではわからない、かかわった人から口頭で話されるからこそ伝わる、**膨大な経験・工夫・コツ**があります。引き継ぎの実務がまったく行われないと引き継ぎ先は利用者の本人らしさや現在の状態像、サービス利用状況を「まったく知らない」状態でケアをスタートさせなければならないだけでなく、引き継ぎ側に1から情報を把握する手間が生じることになります。

　ケアのつながりがないと利用者の暮らしと現場のケアに混乱とリスクを生み、介護事故を生じさせることもあります。引き継ぎのサービス担当者会議こそ「ケアの連続性」を可能にするのです。

② 引き継ぎのサービス担当者会議の開き方・進め方

　引き継ぎのサービス担当者会議は、これまでケースを受け持っていた側の居宅介護支援事業所と、これから受け持つ施設ケアマネジャー（生活相談員・生活支援員含む）や居宅介護支援事業所の双方が利用者本位の立場に立ち、「**生活の連続性**」と「ケアマネジメントとケアの連続性」を意識することで可能となります。

1）どのような顔ぶれでどこで開くか

　引き継ぎのサービス担当者会議を開く場所は、引っ越し先（移動先）の

距離（近距離、遠距離）や利用者（家族）の事情で決めます。これまでの在宅での暮らしを利用者（家族）とケアチームが振り返るなら自宅で開くのがよいでしょう。そのときは、引き受ける側の生活相談員やケアマネジャーを招くことになります。そのことで本人のこれまでの暮らしぶりを間近で知ることが可能となります。

　一方、これから新しい暮らしを始める介護保険施設や居住系施設で引き継ぎのサービス担当者会議を開く場合は、これまで担当した居宅介護支援事業所の管理者か担当ケアマネジャーが参加します。この場合、新しく担当するケアマネジャーがケアプラン原案をつくりやすいように、利用者基本情報と1年以内のケアプラン、個別サービス計画書を家族を通じて事前に渡しておきます。詳細は会議の場で口頭で説明しましょう。

2）何を話し合うか〜「本人らしさ」に焦点をあてた引き継ぎ〜

　利用者（家族）は長期間にわたる**在宅ケアの体験**を持っています。しかし、利用者（家族）から「本人らしさ」にかかわる情報を話してもらうのはとても負担のかかることです。そのため、引き受ける側が「本人らしさ」を把握するのに6か月〜1年近くの時間がかかっています。

　したがって、会議の場では、これまでかかわってきた訪問介護や訪問看護、通所介護などの「現場で培われたノウハウ」を伝えます。

> ・人柄と性格、生活上のこだわりや生活信条（価値観）、感情の起伏（日内変動など）、コミュニケーションの特徴（例：怒ったように話す）など
> ・本人が好きな話題、落ち着く声かけやかかわり方
> ・ふれてはいけない話題、配慮すべき話題
> ・好みのアクティビティ、趣味、夢中になること
> ・好きな食べ物、好きな味つけ、好きな食材および食べ方、好みの食器
> ・入浴時の洗髪・洗身のコツ
> ・排泄介助時の声かけや介助のコツなど

> 〈進行にあたっての工夫〉
> ・ケアプランや個別サービス計画書などをもとに説明を行う
> ・自宅の近所や居室内の写真や動画、レクリエーションを楽しむ写真や動画、趣味の作品の写真や現物などを見てもらう
> ・介護サービス事業所の現場職員に簡単なコメントや贈る言葉を動画にして見てもらう
> ・本人（家族）にもエピソードや感想を語ってもらう

3）何を話し合うか～「認知症」に焦点をあてた引き継ぎ～

　認知症の利用者の入所・入居にあたって引き継ぐ側が抱く悩みは、「CADLを含めた利用者情報が把握しづらい」だけでなく、「BPSD時の混乱にどのように対応してよいかわからない」ことです。

　そのため初期の段階での転倒・転落事故や虐待的な介護を生み出す原因ともなっています。会議では次の情報を引き継ぎましょう。

> ・どの時間帯にBPSDが起こり、どのような原因が想定されるか
> ・どのような声かけや対応で本人が落ち着くのか、あるいは機嫌が悪くなるのか、怒り出すのか
> ・どのようなことに熱中するのか（例：趣味、手仕事、作業）、どのようなことに興味を示さないのか
> ・どのような話題（例：料理、旅行、相撲、映画）なら盛り上がるのか
> ・どのような場面で日常生活での特徴的な行動（例：探す行動、怒鳴る行動、怒った表情）や特徴的な姿勢（例：うつむく、横になる）をとるのか
> ・居室にどのように家具類を配置し飾りつけをすれば落ち着くのか
> ・好みの色や柄、好みのおしゃれ、好きな衣服や髪形、好きな音楽やカラオケの曲名など

〈CADL〉
文化的日常生活動作を指す。本人の楽しみや趣味、役割、こだわり、生きがいなどをまとめたアセスメント領域のこと。

4）ケースを引き渡す側の配慮、ケースを引き受ける側の配慮

　ケアマネジャーの持つ基礎資格の違いにより利用者（家族）像の見立てや手立てが異なることはよくあります。ケースを引き渡すとき・引き受けるときは次の点に配慮した会議の進行を行います。

> 〈進行にあたっての配慮する点〉
> ・利用者（家族）像に過度な先入観を持たせない・持たない
> 　引き渡す側は、あくまで「事実」と「エピソード」を伝え、先入観を与えるような言い回しは控える。ただし、「ちょっと気になる点」などはとても貴重な情報なので、出し惜しみせずに情報提供する
> ・引き渡す側・引き受ける側が「気持ちよくフォロー」できるようにする
> 　引き継ぎ会議は「仕切り直し」の会議ともいえる。1時間程度の会議で伝えられることはわずか。その後も引き続きフォローをしあえる関係をつくるようにする
> ・サービス現場へ直接の問い合わせができるようにあらかじめ事業所にも了解をとっておく

第6節 相談支援専門員の会議

　障害者相談支援専門員がチームで動くためには「ともに考える場」が必要であり、それが「会議の場」です。会議を始める前に流れを「イメージ化」し、利用者本人にも会議づくりに参加してもらう姿勢で臨みます。

1 相談支援専門員の会議～本人主体で進める～

　支援チームのかかわりが一方的でなく、本人主体で進めるためには、必ず**合意の場**が必要となります。合意をするためには、本人（家族）が抱える不安や困りごとに寄り添い、本人（家族）の思いや意向を支援チームが直接聞き、話し合う場が必要となります。その場が「個別支援会議」です。まずは、個別支援会議を開催する目的を把握しましょう。

〈個別支援会議の5つの目的〉
① ともに話し合う場　　　② ともに考える場
③ ともに計画を立てる場　④ ともに実践の工夫を練る場
⑤ ともにスタートできる場

1）ともに話し合う場
　本人を中心にした支援を組み立てていくために、本人と家族、支援チームが困りごとや不安、今の気持ち（意思）、これからどうしたいのか（意向）を共有するのが「話し合いの場」です。

2）ともに考える場
　話し合いが情報交換だけになってはいけません。困りごとや不安の原因を考えるだけでなく、他に影響を与えていることはないか、これまでの経緯、なぜ今そう思うのか、これからやりたいことを実現するためにはどのように事を解決（解消、改善、克服など）しなければいけないか、などを「ともに考える時間」はとても大切です。

3）ともに計画を立てる場
　困りごとを解決するためには本人が望む「生活・役割・仕事」を抽出

（欄外）合意の場

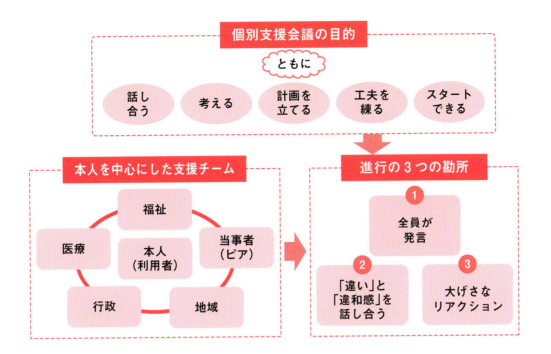

し、本人とチームが意欲を持てるような計画をともに立てます。本人が役割をこなせたと実感できることが自信となり、本人のエンパワメントとなります。

- 達成時期：いつまでに達成するか
- 目標設定：達成のプロセスを小分けして、それぞれに目安を立てる
- 本人役割：何をどのように取り組むか
- 役割分担：支援チームの誰が何をどのように支援するか

4）ともに実践の工夫を練る場

　本人の強みや興味関心、意欲的になること、さらにやる気スイッチを見きわめ、やりたくなるように声かけや動機づけ、取り組みを工夫します。本人がただ福祉サービスの消費者となるのではなく、主体的に取り組めるための実践的な工夫を話し合いましょう。

5）ともにスタートできる場

　会議の話し合いは「1人の100歩ではなくみんなの1歩」を目指すものです。本人とかかわる人たちが一緒にスタートできる場となるのが「話し合いの場」なのです。

2　個別支援会議を進めるための5つのポイント

　相談支援専門員は個別支援会議のファシリテーター（進行役）です。そして、個別支援会議は支援プロジェクトの大切な「情報共有・協議・合

意」の場です。次の５つのポイントごとにどのように取り組めばよいかを押さえておきましょう。

①支援チームの集め方　　②話し合いの場づくり
③進行の３つの勘所　　　④本人を中心にした支援チームづくり
⑤相談支援専門員の役割は徹底した「黒子（くろこ）」役

１）支援チームの集め方

障害者支援に必要なチームには次の５つの領域のメンバーを集めます。
- 福祉：相談援助などの**つなぎ役**のプロ
- 医療：病状管理、健康管理などの治療のプロ
- 当事者：共感・仲間、ピアカウンセリング
- 行政：制度や行政支援のプロ
- 地域：地域住民、商店、組合などの社会資源

集めるための連絡にはメールやFAXを活用し、日時の候補日をいくつか示し、都合のよい日を返信してもらい、最終的に開催日を調整します。

２）話し合いの場づくり

話し合いの場づくりの基本は、リラックスできる、集中できる、気遣いがある、この３つです。適度な室温と湿度、採光（まぶしい、暗い）、騒音のレベル、においへの配慮、などは基本です。障害のある参加者への配慮（例：参加者の胸に所属と名前が大きく書かれた名札）も大切です。

本人の自宅で開くときには、会議の場づくりは本人と一緒に行うようにします。部屋の飾りつけ（例：花）や採光、どこに誰に座ってもらうかも大切なことです。リラックスするためにお茶やお菓子を用意するのもよいでしょう。

本人には**いつもの場所**に座ってもらい、本人が見渡せるように参加者には座ってもらいます。

３）進行の３つの勘所

個別支援会議には５つの立場が異なる人たちが参加します。立場が違うとかかわり方とかかわる度合いも異なります。本人の困りごとの見立ても異なれば、思いつく手立ても異なります。進行役の腕の見せ所です。以下の３つの勘所を活用しましょう。

① 全員に発言をしてもらう

　会議で注意したいのは「話す人と話さない人」に分かれてしまうことです。話さない人は意見がないのではなく、話すタイミングが計れない、考えがまとまるのに時間がかかるなどの理由を抱えています。全員にまんべんなく発言してもらうようにしましょう。

② 「違い」「違和感」を話し合う

専門性も立場も異なれば「感じ方」に違いが生まれるものです。進行役は全員に問いかけるのでなく、「○○さんはどう思いますか？」と指名しましょう。視点が違うことはチームの「幅」であり「奥行きの深さ」です。**違うからよい**ととらえ、お互いの考えを尊重します。

③ リアクションは大げさに表現する

日本人は「以心伝心」「察する」ことを美徳とするので「わかった、賛成だ」という態度を表面的にはあまり出しません。それでは本人に伝わらないことがあります。まず進行役が発言には「賛成、グッド、なるほど」と**大げさなリアクション**（例：うなずき、相づち、表情、態度）で盛り立てましょう。やがて話し合いの場の空気があたたまっていくのがわかるでしょう。

4）本人を中心にした支援チームづくり

本人中心の支援チームづくりのポイントは「本人の役割」があることです。利用者本人が福祉サービスの受け手（消費者）でなく、つくり手である支援チームをつくるということです。支援チームはタテの関係（上意下達、トップダウン）でなく「ヨコの関係」がわかりやすい仕組み図（p.161参照）を描いてみましょう。

支援チームメンバーの選出は相談支援専門員の判断（好み、相性含む）でなく、本人が「かかわってほしい・一緒ならモチベーションがあがる」というメンバーを選ぶことが重要です。

そして暮らす場所によって支援チームは変化し進化します。

- 病院内多職種チーム：担当医、担当看護師、退院調整担当看護師など
- 在宅支援チーム：相談支援専門員、訪問介護、通所介護、短期入所、福祉用具、配食サービス、住宅改修、民生委員、町内会等

5）相談支援専門員の役割は徹底して「黒子（くろこ）」役

相談支援専門員は支援チームの「黒子」です。主役は本人。準主役は家族です。支援チームは脇役です。本人（家族）の望みや願いを受け止め支援チームの動きをつくるために縁の下の力持ちとして奔走します。

会議では進行役として話し合いを進めますが、あくまで本人が中心であり、支援チームは支え手であるというスタンスは守りましょう。そのためには次のことを常に意識します。

- 本人（家族）に受け入れられているか
- 地域の人たちに受け入れられているか
- 支援チームとの連携を見える化できているか

COLUMN

ご家族の呼び方
～息子さん・娘さん・家族さん～

ケアマネジャーのケアプラン作成研修の一場面です。

「皆さん、これまでに"息子さん""娘さん"と相手を呼んだことがある方はどれくらいいますか？」
ドワッと手が挙がります。いずこでもそうです。
「では"家族さん"と呼んだことがある方は？」
これも大勢の方が手を挙げます。
「なるほど。では、"家族さん"って誰のことでしょうか？ その方が家族を代表しているのですか？ たまたま次男の妻だったってこと、ありますよね？」
「私がお願いしたいことは、これからは、"息子さん""娘さん""家族さん"と利用者のご家族のことをざっくりと呼ばない、ということです。」

すると会場はがやがや……と急に騒がしくなり、すぐに「言っている意味がわからない」という空気が流れます。それはそうでしょう。今までこういう呼び方は当たり前だったわけですから。
私は50代の女性の方に、こう質問をしました。
「あなたのご両親が要介護となったとして、（30代前後の女性ケアマネさんを示して）あの方がケアマネとしてやってきました。そして、あなたに『娘さんはどうお考えですか？』とたずねたとします。いかがですか、自分よりも若い方にそう呼ばれるのは？」
「え～と、やっぱりどこか妙ですよね。嫌ですよね」
別の50代以上の男性の方に同じ質問をしても、やはり、キッパリと「嫌ですね、変ですよ（笑）」。
「では、ご自分より年長、そうですね、皆さんより年上の70代の施設長さんから息子さん、娘さんと呼びかけられたら違和感はありますか？」
これには、ほとんどの人が気にならないと答えます。
「どうやら"息子さん""娘さん"という呼び方は、年長の方からなら違和感はないようです。さて、担当のご家族の多くは50代～60代ですね。皆さんより年上です。つまり、その家族の方々は、皆さんの言い方をちょっと常識がないな、と思っているわけです。少なくとも違和感を感じているはずです。この呼び方は、介護・医療の業界で当たり前であっても、担当の家族の皆さんの前では非常識をしてしまっている。つまり、大変礼儀を欠いたことなのです」

ここで会場はシーンとします。
なにしろ家族の方々に寄り添うことに誇りをもっている皆さんです。そこに「知らぬ間に相手を傷つけていた」ことを知ったものですから、ショックなのは当然でしょう。
「だからこれからは、ご長男、次男の方、ご長女、次女の方などの言い方をすればよいのです。だけど一人っ子の方もいますね。長男といえど姉が3人いる末っ子の長男の方もいます」
「どうすればいいのですか？」当然、質問がきます。
「簡単です。"どのようにお呼びすればよいでしょうか？"とたずねればいいだけです。名字がいい人もいれば、下の名前がいい人もいます。長男・次男がいい人もいるでしょう。相手に決めてもらえばいい、それだけです」

私はこのことに気づいていない介護業界の皆さんが悪いとは思いません。おそらく業界のちょっと変な常識がよくないのです。
気がつくことができたならば、直せばいいだけです。
「明日から直せばそれでいいのです。反省なんか1回でいいのです。落ち込む必要なんてありません。」

この話をした研修の後、前列にいた50代の女性ケアマネさんが私に耳打ちしてくれました。
「先生の研修を3年前に受けたとき、このことを聞いてショックでした。でも、すぐに直しました。どうお呼びすればよいでしょうか？ とたずねると皆さん答えていただけて、それからとても関係がよくなったんです（笑）」

ささいなことでも言い続けることで、1人1人が少しずつよくなる。それでケアマネジャーの皆さんと利用者（家族）の方々との関係が近くなる……。それが私の願いです！

出典：けあサポ 筆者連載「高室成幸のケアマネさん、あっちこっちどっち？」より
http://www.caresapo.jp/senmon/blog-takamuro

第6章

地域包括ケアにかかわる会議に参加する

1 病院の入院時会議
2 病院の退院時会議
3 施設の入所・退所会議
4 地域ケア会議
5 定例ミーティングとケースカンファレンス
6 多職種連携会議
7 地域の会議～町内会、地域団体、職能団体等～
8 ボランティア会議

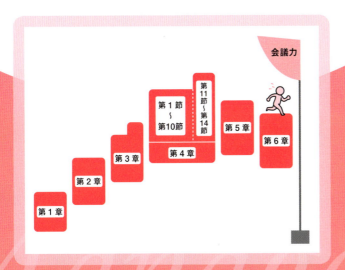

第1節 病院の入院時会議

病院の入院時の情報提供や会議（カンファレンス）への参加は地域包括ケアシステムの連携機能として重要な役割と位置づけられています。報酬上も評価され、ケアマネジャーの参加には医療機関の期待も高いです。

　ケアマネジャーには入院時の情報提供の役割（**アウトプット**）があります。利用者（家族）が伝えきれない在宅での療養生活の苦労や今の心情を、ケアマネジャーが口頭で説明することは大切なフォロー（代弁機能）となります。

　会議には居宅介護支援事業所としてだけでなく、**ケアチームの代表**として参加する意識を持ちましょう。情報提供および参加にあたり事前に病院の地域連携室や医療ソーシャルワーカー（MSW）と打ち合わせをしておきます。

1 入院するときは在宅情報をプレゼンテーションする

　入院時のカンファレンスでは、ケアマネジャーには情報提供のためのプレゼンテーションの役割があります。しかし、**医療職への苦手意識**があると声が小さくなりがちで、医療チームに頼りない印象を与えてしまいます。慣れないうちは**複数で参加**したり、大きめの声で話すことなどを心がけます。事前に持ち時間を確認し、その時間内に収まるようにリハーサルを1回はやっておきましょう。

　また、「退院がおおよそどれくらいになるのか」は聞き取りましょう。すぐに判断がつかないなら、いつ頃わかるのかの目安を確認します。特に福祉用具が返却なのか、自宅での保管なのかの判断が必要となるからです。また、リハビリ専門職には、自宅訪問による**環境評価**を依頼します。

　介護者が働いている場合には**就労状況**（勤務シフト、通勤時間、休日の頻度など）や家族介護の時間、介護疲れの程度なども情報提供します。

　なお、病院は個人情報の取扱いに慎重になっているので、利用者（家

入院時に提供する情報

1. 家族構成・家族介護
2. 家族像・家族関係
3. 入院前のADL・IADL・CADL・服薬管理
4. 体調と暮らしぶり、介護サービスの利用状況
5. 医療以外の問題点
6. 性格、こだわり、生活習慣
7. 退院後の生活への思い

族）からの情報提供の了解を書面（口頭）でとっておくとよいでしょう。

〈説明内容〉
・家族構成と家族介護の状況（施設介護の状況を含む）
・ケアマネジャーから見た家族像や家族関係（キーパーソンは誰か、対応に注意が必要な親族など）
・入院前数か月間のADL・IADL・CADL・服薬管理など
・在宅での体調と暮らしぶり、介護サービスの利用状況
・医療以外の問題点（例：家族関係、経済状況、コミュニケーションのレベル、病識の有無と病状の受容レベルなど）
・患者（利用者）の性格（意思決定の傾向）、こだわり、生活習慣
・利用者（家族）の退院後の生活への思い

2 退院後の「行き先」には提供した情報が影響する

　退院後の「行き先」は在宅だけとは限りません。居住環境や家族の状況（例：家族の介護力と看護力、経済事情、家族関係）次第では、次のような行き先が想定されます。
・他の医療機関への「転院」
・老人保健施設やグループホームに「入所」
・居住施設への「転居」など

　これらは退院支援にも大きくかかわるため<u>退院支援看護師</u>やMSWが必要とする情報です。文書化に抵抗感を抱くなら口頭で伝えるようにしましょう。なお、退院先にも利用者の情報提供を行いましょう。

> 退院支援看護師

第2節 病院の退院時会議

病院では入院後に退院支援が必要であるかをスクリーニングし、必要と判断されれば入院の初期段階から退院支援を始めます。退院支援の対象となるケースは、一人暮らし、家族の介護力・看護力が不足している、医療依存度が高く医療機器を使用する、などの患者です。病院側の窓口は、**地域連携室**か医師が連絡を取るときの**医療連携室**、患者や家族、ケアマネジャーが相談するときの**医療相談室**となります。

退院前カンファレンスには、在宅側からはケアマネジャー以外に家族、在宅かかりつけ医、訪問看護師、リハビリ担当者、かかりつけ薬剤師等が出席します。なお、体調が安定していれば本人が出席することもあります。

地域連携室
医療連携室
医療相談室

1 退院前カンファレンスの目的

退院前カンファレンスは患者（利用者）のスムーズな在宅への移行を目的に開かれ、約30分〜40分程度かかります。すべての患者に行うわけではないので、入院時かアセスメントで病院を訪問した際に開催の依頼をしておきましょう。

〈開催の目的〉
・退院準備の段取りと在宅への移行
・医療やリハビリテーションの継続についての情報・意見交換
・病状と今後の予後予測（見通し）
・医療処置の方法と注意点の確認
・患者・家族の不安軽減の確認
・急変時および緊急時（停電を含む）対応の確認
・介護サービス、家族介護における注意点の確認

退院前カンファレンスで把握する情報

1. 病状がどのように安定したか
2. 退院までの治療方針
3. 退院後の通院の必要性と頻度
4. 予測される症状とリスク
5. 服薬内容と頻度と方法
6. 再入院の判断の基準
7. 退院後の相談窓口

2 退院前カンファレンスで把握する情報

　退院前カンファレンスは約30分～40分程度です。進行役は退院支援看護師や医療ソーシャルワーカー（MSW）が務めます。短い時間ですから、あらかじめ把握したい内容は文書で示しておきます。

- 入院期間中に病状はどのように安定したか
- 退院までの治療方針と、退院後の通院での受診の必要性と頻度
- 今後予測される症状やリスク
- 服薬内容と服薬の頻度と方法、退院後の相談窓口
- 再入院の可能性の有無、再入院を判断する状況や基準

　なお、訪問看護の導入が必要となれば病院の医師に訪問看護指示書を依頼します。また、退院時にはかかりつけ医への診療情報提供書や**看護サマリー**、**リハビリサマリー**も依頼します。

看護サマリー

リハビリサマリー

3 退院前カンファレンスで情報提供すること

　退院前カンファレンスでは、ケアマネジャーは在宅での療養上の説明を受けるだけではなく、情報提供を行います。情報提供では、患者（利用者）、家族の意向や不安、自宅（居室）の状況や家族の介護力・看護力、退院後に想定している介護サービスの内容、服薬管理の課題などを説明します。

- 家族構成と家族介護の状況（施設介護の状況を含む）、キーパーソンは誰か
- 在宅での介護の状況や医療以外の問題点（例：家族関係、経済状況、コミュニケーションのレベル、病識の有無と病状の受容レベルなど）

　なお、リハビリ専門職には、自宅訪問による環境評価を依頼します。

第3節 施設の入所・退所会議

　施設の入所・退所会議への参加は、「ケアの質の連続性」を担保するためにはとても大切です。「在宅→施設」、「居住型施設→施設」だけでなく、医療依存度の高い利用者による「施設→施設」のケースも想定されます。

アウトプット
インプット

　ケアマネジャーは、入所時には情報提供の役割（**アウトプット**）、退所時には情報収集（**インプット**）の役割があります。入所会議では、利用者（家族）の在宅での暮らしぶりやADL・IADL・CADLにおける本人らしさやこだわりを伝えるとともに、在宅のケアチームが現場で培ってきた利用者の満足度を上げる工夫やノウハウなどを提供します。また老人保健施設などの退所会議では、在宅のケアチームの代表として参加する意識を持ちましょう。

1 入所会議では在宅・居住型施設・施設の情報をプレゼンテーションする

　想定される入所会議は次のとおりです。
- 在宅 → 施設（特別養護老人ホーム、老人保健施設）、グループホーム、居住型ホーム（サービス付き高齢者向け住宅、住宅型有料老人ホーム）、介護付有料老人ホーム
- 居住型施設、グループホーム → 特別養護老人ホーム、老人保健施設
- 介護付有料老人ホーム → グループホームなど

代弁者
伝達者

　ケアマネジャーは利用者（家族）の**代弁者**であるとともに、これまでのケアチームの在宅支援の実践の成果を伝える**伝達者**です。具体的には、利用者基本情報、アセスメント情報、1年以内のケアプラン（第1表・第2表・第3表）、各個別サービス計画（介護手順書を含む）などを提供し、口頭でプレゼンテーションをします。

〈説明内容〉
- 家族構成と家族介護の状況、キーパーソンは誰か

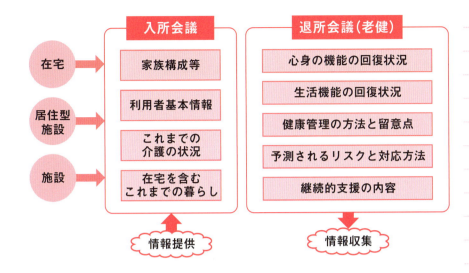

- 利用者基本情報（生育歴、1日の生活リズム、人柄、性格、生活上のこだわり、感情の起伏など）、気がかりな点、医療等情報
- これまでの介護の状況や医療以外の問題点（例：家族関係、経済状況、コミュニケーションのレベル、病識の有無と病状の受容レベルなど）
- リハビリ専門職には、在宅を含むこれまでの暮らしぶりを伝え、在宅（居住型施設含む）復帰を目指し、自宅訪問による環境評価を依頼する

2 退所会議ではリハビリテーション情報を丁寧にヒアリングする

　老人保健施設では、生活機能の回復・向上や心身の機能回復・向上を目指し、リハビリテーションや看護などを含む「看護、医学的管理の下における介護および機能訓練」等が提供されます。基本的に在宅復帰（特別養護老人ホームの入所待ちを含む）を目指した**期限付きの入所**です。退所のカンファレンスには在宅のケアマネジャー（引き継ぎ先の施設ケアマネジャーを含む）が参加します。ケアチームの代表として参加するとともに、利用者（家族）の立場に立って参加します。

　次のことをカンファレンス時には聞き取りましょう。
- 心身の機能回復・向上の状況とこれからの在宅・施設での生活の課題
- 生活機能の回復・向上の状況とこれからの在宅・施設での生活の課題
- 服薬管理を含む健康管理の方法と留意点
- 今後、予測されるリスクとそのときの対応方法
- どのような**継続的支援**が受けられるか

第4節 地域ケア会議

　ケアマネジャーが参加する会議に、市町村や地域包括支援センターが主催する地域ケア会議があります。

　地域ケア会議の参加には2つのパターンがあります。ケースの提供者（当事者）として参加する場合と、ケアマネジメントに関するアドバイザー（主任介護支援専門員など）として参加する場合です。

1 地域ケア会議のスタイル

1）困難事例の検討を行う個別ケース会議

　ケアマネジャーや介護サービス事業所、近所近隣が困っているケースについて多職種の専門職や行政機関などが対応を話し合います。

2）ケアプラン（介護予防プラン含む）検討会議

　包括的ケアマネジメント支援として、ケアプラン（介護予防プラン含む）が自立（自律）支援となっているか、サービスの過剰・過小プランとなっていないか、サービス内容やサービス種別・利用頻度・時間などが適切か、などについて多職種の専門職が検証し、改善に向けて話し合います。

2 個別ケース会議（約60分〜90分）

　参加者（ケースごとに異なる）と全体の流れは次のようになります。

〈参加者〉

- 地域包括支援センター、介護保険課、高齢福祉課、障害課、福祉事務所、消費生活センター、社会福祉協議会など
- ケアマネジャー、居宅介護支援事業所の管理者、介護サービス事業所、障害サービス事業所など
- 地域の町内会、自治会、民間サービスなど
- 本人、家族、親族など

- アドバイザー（精神科医、在宅療養専門医、薬剤師、管理栄養士、弁護士、司法書士、主任介護支援専門員など）

〈流れ〉
- 参加者の自己紹介と会議の目的：5分程度
- ケース発表：15分程度（介護保険利用者ならケアマネジャーが行う）
  ※**支援検討シート**に基づき、利用者基本情報、ケアプランを説明し、どのような方向で支援をしたいのか、何が支障となっているのか、どのような検討をしてもらいたいのかを説明する
- 質疑応答：5分程度（発表の補足説明を含む）
- 話し合い：1テーマにつき15分〜30分
  ※話し合いの交通整理はKJ法やマトリクス手法を活用する
- プランニング：15分〜20分程度
  ※ホワイトボードにロジカルツリーや支援計画表を書き、「支援課題、担当、支援内容、開始時期、期間、リスク対応」などを書き込んでいく。ガントチャート表で数か月の支援内容をプランニングする
- まとめと確認：5分程度

3 ケアプラン検討会議（約30分〜40分）

参加者の顔ぶれと全体の流れは次のようになります。

〈参加者〉
- 地域包括支援センター、介護保険課、高齢福祉課など
- ケアマネジャー、居宅介護支援事業所の管理者、介護サービス事業所、障害サービス事業所など
- アドバイザー（精神科医、在宅療養専門医、薬剤師、管理栄養士、訪問看護師、理学療法士、作業療法士、主任介護支援専門員など）

〈流れ〉
- 参加者の自己紹介と会議の目的：2分程度
- ケース発表：7分程度（ケアマネジャーが行う）
  ※利用者基本情報、ケアプラン（第1表・第2表・第3表）と課題整理総括表および評価表、個別サービス計画を説明する
- 質疑応答：3分程度（アドバイザーからの質問）
- 協議およびプランニング：15分程度
  ※利用者の「自立（自律）支援の視点」から「改善、向上、維持、悪化」の見通しを協議し、適切な手立てについて具体的に話し合う
- まとめと確認：3分程度

第5節 定例ミーティングとケースカンファレンス

ケアマネジャーは事業所のメンバーの一員として、事業所内の2つの会議の進行を行います。1つは事業所運営を話し合う定例ミーティング、もう1つはケースを検討するカンファレンスです。いずれの事業所内会議も**組織の会議**ですから、進行をマニュアル化しておくことでブレや洩れのない内容とすることができます。なお、他に参加する会議には母体法人内の全体会議や部門別会議があります。

組織の会議

1 定例ミーティングの進行のポイント

特定事業所加算の指定を受けている事業所では、定期的に週1回は会議を開催することが義務となっています。指定を受けていなくても基本的に複数の職員が勤務する事業所ならば週1回の定例会議は開くようにしましょう。時間は30分～60分。定例ミーティングのなかでミニ講座やケースカンファレンスを行うのもよいでしょう。

〈進行のポイント〉
- 開始時に「事業所の理念」などを唱和すると一体感がつくれてよい
- レジュメがあるのが理想。なければ議事の進行をホワイトボードに書く
- 報告、連絡、確認事項は会議の冒頭に行う（報連確）
- テーマや協議すること、相談することは会議前に周知しておく
- 開始と終了は時間厳守。協議時間が足りないときは次回の会議に先送りするか近いうちに話し合いの時間を決める
- 終了時には次回の会議の日時を確認する

※なお、中途採用のケアマネジャーには、会議に積極的に参加してもらうために定例会議の内容や参加の心構えなどを事前に説明しておきます。

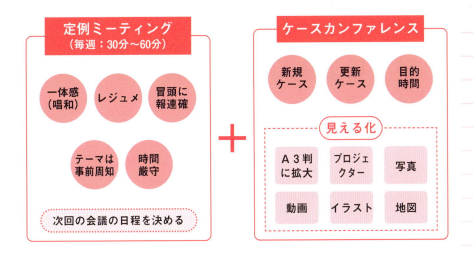

2 ケースカンファレンスの進行のポイント

ケースについて話し合うカンファレンスも定例化しましょう。「気になるケースがあれば協議する」ではケアマネジャー個人に責任を押しつけることになります。どのケースも「事業所が契約したケース」です。新規ケースはもちろんのこと、更新ケースも必ず検討する習慣をつけます。

〈進行のポイント〉
- 事前に検討する新規ケース・更新ケースと話し合う時間を決めておく
- 目的（例：課題・目標・サービス内容の相談、困難ケースへの支援方法、納得いかない点・不安な点、ケアプランの誤字脱字・わかりやすさのチェックなど）を明確にしておく
- 準備する書類：利用者基本情報、ケアプラン（第1表・第2表・第3表）、アセスメントシート、課題整理総括表など

事前の情報がないと話し合いは「場当たり的なもの」になりがちです。数日前までに「検討ケース」をファイルし、メンバーが閲覧できる場所に置く、パソコン上に専用フォルダを設けておく、などをしておくと全員が**事前に目を通す**ことができるのでよいでしょう。

次のような工夫をすることで活発な話し合いが可能となります。

〈見える化の工夫〉
- ケアプランをA3判に拡大して修正箇所を赤字で書き込んでいく
- プロジェクターでホワイトボードに映し出し、そこに修正を書き込む
- 身体動作や住環境を写真や動画、イラストなどを使って説明する
- 近隣の地図はグーグルアースの航空写真や地図情報を使う

多職種連携会議

　地域包括ケアシステムを目指すために、ケアマネジャーが参加する会議の1つに多職種連携の会議があります。主催は行政や地域包括支援センターが行うものから、それぞれの多職種が集まったネットワークごとに行うものまでさまざまです。

　ケアマネジャーはその会議の進行役を担うこともあれば、ケアマネジャー団体を代表して参加する場合もあります。会議の進行や発言には次のような心がけが大切です。

1 多職種連携の会議では「顔ぶれ」をしっかりと意識する

　多職種連携の会議で大切なのは「どのような顔ぶれが参加しているか」です。多くは介護・医療・福祉・行政が中心となりますが、NPO団体や地域団体（例：町内会、消防団、ボランティア団体）が加わっていることもあります。それぞれの<u>団体・法人の顔</u>となる人が参加している場合もあれば、個人的な「ゆるやかなネットワーク」で集まっている場合もあります。

団体・法人の顔

2 「フラットな関係」を意識する

　多職種連携の会議で大切なのは「フラットな関係」です。いかにその職種や団体が地域で影響力を持っていたとしても、「連携」を目的としているなら、「タテの関係」を重視するような態度はよくありません。

　むしろ目立たない団体、影響力はないが役に立ちたいと思っている熱心な団体を尊重する態度や進行はとても好感を持てるものとなります。なお団体の事情もあり毎回同じ顔ぶれが参加するとは限りません。冒頭に簡単な自己紹介の時間を持つことで<u>一体感</u>をはじめからつくることが可能となります。

一体感

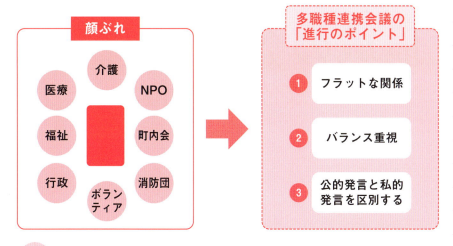

3 多職種連携会議の進行は「バランス」重視で進める

多職種連携の会議の進行で大切なのは「バランス感覚」です。1つの団体や職種に偏った進行や早急な決定にも注意しましょう。

次のように進行を工夫しましょう。

- 一部の団体・個人に発言が集中しないようにグランドルールで念を押す
- 話し合いの1回目は「発表」とし、いったん団体に持ちかえってもらい意見を集約し、2回目で「協議」し、3回目で「決定」の話し合いを行う
- 小さな団体や控え目な参加者の意見を尊重する進行を心がける

4 多職種連携会議での発言は「公的発言と私的発言」の区別をつける

多職種連携会議ではさまざまな角度から話し合いが進められます。発言するときは、団体を代表したものか、専門職種の視点なのか、個人的な意見なのかを冒頭につけ加えてもらうことで、他の参加者はストレスなく聞き取ることができます。また発言の冒頭に「推測、予測」なのか、「分析、判断」なのか、「質問、感想」なのか、「意見、提案」なのかをつけ加えてもらうこともとても効果的です。

発言をしていないときには無表情になりがちです。どの発言にもうなずき・相づち・リアクションを忘れないようにしましょう。

- 発言の冒頭に「どの立場で発言するのか」を言う
- 冒頭に「どのような発言をするのか」を言う
- 聞いているときも「うなずき・相づち・リアクション」を必ず行う

第7節 地域の会議
町内会、地域団体、職能団体等

居宅介護支援事業所や地域包括支援センターは、地域との連携のためにさまざまな会議に参加することがあります。そこでは地域の人たちが主役です。町内会や地域団体の話し合いの慣例に従い積極的に参加しましょう。

話し合いの慣例

1 地域の会議に参加するときの心構え

地域の集まりには、町内会・団地自治会・マンション管理組合など住民主体の集まりから、老人会や民生委員団体、地域婦人会などの集まり、商工会議所や商店街組合、さらに職能団体ではバス会社やタクシー会社の会議までさまざまあります。

地域のネットワークをつくるために主任介護支援専門員や社会福祉士はこれらの会議に頻繁に参加することになります。参加することで顔の見える関係となり、認知症高齢者の徘徊模擬訓練や発見ネットワーク、高齢ドライバー対策などの取り組みを円滑に進めることが可能となります。

顔の見える関係

〈参加の心構え〉
・団体の組織図（全体構成）を意識して参加する
・定例会議、部門別会議、総会を把握する
・他のどのような団体等と友好関係を持っているか（例：賀詞交歓会や総会への参加など）を把握する
・団体のキーパーソン、影響力のある人、応援している人を把握する

2 町内会、団地自治会、マンション管理組合等は「組織図」を把握する

地域住民のニーズを中心に町内会、団地自治会、マンション管理組合などは運営されています。役員は「持ち回り」が多く、2年〜3年で交替す

ることが原則となっており、熱心さには濃淡があります。

　話し合いのテーマの多くはゴミの収集や清掃、回覧板のこと、普請のこと、地域のお祭りや懇親行事についてですが、悪徳商法対策や1人暮らし高齢者等の安否確認、児童の見守りなども大切な活動となっています。

　総会や部門別会議などで依頼ごとをする際は、まずは会長など役員を通してから行います。会議に参加する場合はあらかじめどのような質問や反対意見が想定されるか、窓口の役員にヒアリングし準備をしましょう。

3　老人会、婦人会、民生委員団体等の会議は「組織内の力関係」を把握する

　老人会や婦人会、民生委員団体などは歴史も長く、主として会員交流が目的ですが、地域住民の健康づくりや介護相談、1人暮らし高齢者の友愛訪問などの福祉活動にも積極的に取り組んでいます。

　これらの会議に参加する際は、組織独特の**メンバー間の力関係**が存在していることを知ることです。地域の有力者が役員となっていなくても、隠然たる影響力を持っているキーパーソンがいることがあります。

　それは話し合いの場でもはっきりと表れ、発言にも偏りが生まれやすく、影響力のある人の**鶴のひと声**で決まってしまうこともあります。一方、そのような人が地域包括支援センターなどの依頼や発言に同調してくれると話し合いを有利に進めることができます。

　これらの団体は会議や総会が年間計画に組み込まれているので、あらかじめ年間計画に沿った無理のない提案や依頼をしましょう。

4　商工会議所、商店街組合、職能団体等には「公的な顔」で参加する

　商工会議所や商店街組合、職能団体（例：医師会、歯科医師会、看護協会など）などは組織構成もしっかりしており、事務局には専従職員がいる場合もあります。

　会議の段取りは団体の事務局が対応することも多く、テーマごとに部門別委員会が話し合いを行います。会議の進行も事務局が行うこともあるので事前の打ち合わせを行います。

　これらの会議には地域包括支援センターや居宅介護支援事業所の**公的な顔**で参加し発言することになります。すぐに答えられない・判断できないときは「持ちかえらせてもらう」ことも提案しましょう。

第8節 ボランティア会議

　ケアマネジャーは、柔軟な個別支援を提供するための手段だけでなく地域貢献としてインフォーマル資源にかかわることがとても大切です。インフォーマル資源の多くは地域の住民が「ボランティア」で集う場所です。ボランティアには「これなら少しでも役に立てる」「個人として参加したい」というレベルの人から「この地域には○○が必要だ」と熱い思いで参加する人もいます。「好きな人が集まる」サークル的なものとは違います。ケアマネジャーが専門職（法人の職務）として参加するのか、個人として参加するのかで立ち位置は変わりますが、多くの場面で、話し合いの**進行役**として期待されることがあります。

1 ボランティアに参加する人たちとの距離感

　ケアマネジャーにとって身近なボランティアの集まりは認知症カフェや認知症家族の会、さらに地域の元気高齢者の集まり、介護予防の集まり、村おこしなどのフェスティバル系までさまざまです。

　そのボランティアの皆さんとの関係で大切なのは**ほどよい距離感**です。相手のボランティア参加の動機を尊重することから関係づくりが始まります。

2 ボランティアの会議の進行は「ゆるさ」と「楽しさ」

　会議に慣れているケアマネジャーは進行役を積極的に引き受けましょう。そのことでボランティアの皆さんと親しくなるきっかけとなります。しかし進行は、事業所内会議やサービス担当者会議、地域ケア会議などとは目的がまったく違い、たいていは進行マニュアルはありません。

1）効率性より「ゆるさ」を大切にする

　ボランティアには10代から70代超まで幅広い人が参加しています。年齢

ワールド・カフェ

> 1つのテーマについて小グループで席替えを3回〜4回繰り返しながら、アイデアを模造紙に記入し、全員が話し合う手法。

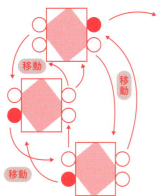
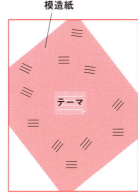

① 4人〜5人でテーブルに座る。テーブルには模造紙と各自に1本のペン

② カフェトーク（テーマに合わせて15分〜20分話し合い、感想・意見・アイデアを模造紙に書く）

③ シャッフル（1人をテーブルに残し他のテーブルへ。残った人が説明し、また話し合い）

や性別、肩書で一部の人を「えこひいき」することは禁物です。参加した顔ぶれに合わせ全員が意見を自由に話せる雰囲気を大切にし、ときには脱線することもOKです。効率的な話し合いでなく、一見無駄のような話し合いや、あるひと言が大きなまとまりをつくることもあります。**ゆるさ**がボランティアの会議では大切です。

〈自由に話せる雰囲気をつくる一工夫〉
- コーヒーやお茶菓子を用意する
- テーブルと椅子だけでなく、ときには畳敷きの部屋で車座で話し合う
- 大きな字で書いた名札をつけ、人柄がわかる自己紹介を行う

2）窮屈さは禁物！　話し合いそのものに「楽しさ」を追求する

　どの人にも平等に発言の機会があるように心がけます。例えば、付箋に意見を書いてもらい、それをホワイトボードに貼り出し、全体の意見をグルーピングしてからブレーンストーミング（p.47参照）で自由に発言してもらうと盛り上がります。ワールド・カフェの手法も短い時間で全員の人と話せるので効果的です。

　発言された意見や疑問などをKJ法（p.47参照）などで整理をすると、全体を巻き込みながら**楽しく**進めることができます。

- はじめに雰囲気をなごませるために簡単なゲームをやってみる
- 3人〜4人で1グループをつくり、グループでの話し合いを入れる
- 多角的な視点で考えるためにディベートをやってみる

付　録
会議力向上ワークシート集

- マトリクス表
- 担当一覧表
- ガントチャート表
- PDCAサイクルシート
- 会議事前検討シート①
- 会議事前検討シート②
- 会議シミュレーションシート
- 会議まとめシート
- サービス担当者会議のご案内
- サービス担当者会議（会議録）

マトリクス表

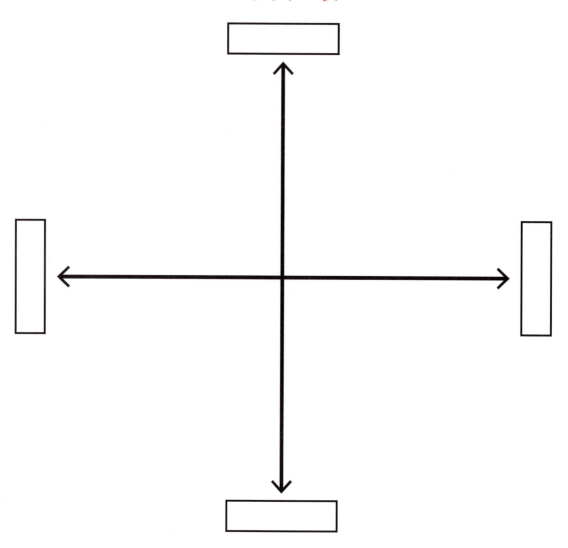

| | 課題 | 評価(◎、○、△、不明) | | | 課題 | 評価(◎、○、△、不明) | |
		重要度	緊急度			重要度	緊急度
①				④			
②				⑤			
③				⑥			

担当一覧表

解決すべき状況	課題	実行内容	期間	担当	緊急度	難易度
①						
②						
③						
④						
⑤						
⑥						

ガントチャート表

	月						
	月						
	月						
	月						
	月						
	月						
	月						
	月						
	月						
	月						
	月						
	月						
	月						
実行内容							
課題							
		①	②	③	④	⑤	⑥

PDCAサイクルシート

計画 (Plan)

実行 (Do)

評価 (Check)

改善 (Action)

会議事前検討シート①

会議名		日時	場所
		年　月　日（　） 　：　～　：	

会議の目的		議題	

| 会議で行うこと | ※該当するものにチェックを入れる
 □顔合わせ　　□問題の発見　　□問題解決
 □報告・連絡　□原因の分析　□意思決定
 □情報の共有　□調整・交渉　□計画づくり
 □認識の一致　□意見交換　　□仕組み
 　　　　　　　　　　　　　　□ネットワーク形成
 　　　　　　　　　　　　　　□苦情対応 | 使用する手法 | □コーチング式話し合い
 □ブレイクスルー式話し合い |

出席者		名前	意思決定の有無	期待する役割		名前	意思決定の有無	期待する役割
	①				⑤			
	②				⑥			
	③				⑦			
	④				⑧			

	論点	予想される意見・質問	落としどころ	留意点
①				
②				
③				
④				
⑤				
⑥				

会議事前検討シート②

	進行役の役割 (問いかけ、注意点)	使える情報 資料	話し合いの状態	配慮する点
(1) (　　分)				
(2) (　　分)				
(3) (　　分)				
(4) (　　分)				
(5) (　　分)				
(6) (　　分)				

付録

会議シミュレーションシート

名前	役割

(タイムスケジュール)

会議名	
開催日時	年　月　日 （　：　～　：　）
開催場所	

(目的)

(議題)

(ゴール)

会議まとめシート

議題		日時	場所
		年　月　日（　） 　：　～　：	

出席者				（テーブルの座る位置）
①		⑥		
②		⑦		
③		⑧		
④		⑨		
⑤		⑩		

助言者等	

資料	☐　　☐　　☐　　☐ ☐　　☐　　☐　　☐

（協議項目）　　　　　　　　　　（協議内容）

決定事項	☐ ☐ ☐	☐ ☐ ☐

未決事項	☐ ☐ ☐	次回の会議	年　月　日 　：　～　： （　　　　　）

付録

サービス担当者会議のご案内

□介護事業所　　□医療機関等　　□ご家族（成年後見人含む）　　□その他（　　　　　　）

_____　御中　　　　　　　　　平成　　年　　月　　日

今回、［□新規　□区分変更　□更新］の目的で、サービス担当者会議の開催を予定しております。
ご多忙の折、ご出席いただきますようよろしくお願い致します。

　　　　　　　　　　　　　　　　　　　　　　　　　　　○○居宅介護支援事業所
　　　　　　　　　　　　　　　　　　　　　　　　　　　担当：_____
　　　　　　　　　　　　　　　　　　　　　　　　　　　TEL　　　　　－
　　　　　　　　　　　　　　　　　　　　　　　　　　　FAX　　　　　－

利用者様	様	要介護度（　）	日常生活自立度（　） 認知症自立度（　）	認定日　　H　年　月　日 認定有効期間　H　年　月　日～ 　　　　　　　　H　年　月　日
日　時	平成　　年　　月　　日　　　：　　～　　：　　（予定）			
場　所	□ご利用者宅　　□その他（　　　　　　　　　　　）			
目　的	□居宅サービス計画書（1）（2）（3）の検討　　　□課題 □個別サービス計画書（　　　　　）の検討・評価　□目標（短期・長期） □サービス内容（　　　　　　　）の検討・評価　　□福祉用具 □その他（　　　　　　　　　　　）の検討　　　　□住宅改修 □リスクの情報共有　　　　　　　　　　　　　　　□モニタリング □退所支援　　□退院支援　　　　　　　　　　　　□住み替え支援			
検討内容 および 理由				
準備いただき たいこと および書類等				

※出欠席の確認を以下にお願いします。出欠席にかかわらずコメント・意見・提案をお願いします。

□出席　　　□欠席　（理由：　　　　　　　　　　　　　　　　　　　　　）	
検討してもらいたいこと 確認してもらいたいこと	□無 □有 ．．．．．．．．．．．．．．．．．．．．．．．．
ケアプラン、個別サービス計画等への意見・提案など	□無 □有 ．．．．．．．．．．．．．．．．．．．．．．．．

※申し訳ありませんが、　月　　日までにFAX返信をお願いします。なお、書ききれない際には、別紙をご用意いただきたくお願い致します。

「三訂　オリジナル様式から考えるケアマネジメント実践マニュアル　居宅編」NPO法人神奈川県介護支援専門員協会編　中央法規出版　2014年　p.42　サービス担当者会議の開催依頼書を一部改変

サービス担当者会議（会議録）

作成日　平成　　年　　月　　日

利用者氏名　　　　　　　　　様　　居宅サービス計画書作成者（担当者）　　　　　　　　印

開催日時　平成　　年　　月　　日　　：　～　：　　開催場所　　　　　　開催回数

会議出席者	本人および家族など		所属（職種）	氏　名
	本人	参加　不参加	①	
	家族・親族	参加　不参加	②	
	家族　氏名（続柄）		③	
	氏名（続柄）		④	
	成年後見人（氏名）		⑤	

会議欠席者	所属（職種）	氏　名	照会（依頼）内容および意見	備　考
			有・無	
			有・無	
			有・無	

検討項目
① ……………………………………　④ ……………………………………
② ……………………………………　⑤ ……………………………………
③ ……………………………………　⑥ ……………………………………

検討内容
（意見・提案）
（振り返り）

………………………………………………………………………………………………

結論
（合意内容）
①　　　　　　　　　　　　　　　④
②　　　　　　　　　　　　　　　⑤
③　　　　　　　　　　　　　　　⑥

□居宅サービス計画書を合意　　□その他（　　　）

残された課題
（次回検討事項）

次回の開催時期　平成　　年　　月

「三訂 オリジナル様式から考えるケアマネジメント実践マニュアル 居宅編」NPO法人神奈川県介護支援専門員協会編　中央法規出版　2014年　p.44　サービス担当者会議（次第・会議録）を一部改変

参考文献

- 「ミーティング・マネジメント――効果的会議の効率的実践」八幡紕芦史著　生産性出版　1998年
- 「ファシリテーション入門」堀公俊著　日本経済新聞社　2004年
- 「チーム・ファシリテーション――最強の組織をつくる12のステップ」堀公俊著　朝日新聞出版　2010年
- 「チームマネジメント」古川久敬著　日本経済新聞社　2004年
- 「交渉力入門」佐久間賢著　日本経済新聞社　1989年
- 「コーチング入門」本間正人・松瀬理保著　日本経済新聞社　2006年
- 「会議の進め方 第2版」高橋誠著　日本経済新聞社　2008年
- 「マネジメント――基本と原則　エッセンシャル版」P. F. ドラッカー著　ダイヤモンド社　2001年
- 「臨機応変!!日本で一番使える会議ファシリテーションの本」桑畑幸博著　大和出版　2013年
- 「1回の会議・打ち合わせで必ず結論を出す技術」斎藤岳著　東洋経済新報社　2008年
- 「ファシリテーターの道具箱――組織の問題解決に使えるパワーツール49」森時彦・ファシリテーターの道具研究会著　ダイヤモンド社　2008年
- 「ファシリテーター養成講座――人と組織を動かす力が身につく!」森時彦著　ダイヤモンド社　2007年
- 「元気になる会議――ホワイトボード・ミーティングのすすめ方」ちょんせいこ著　解放出版社　2010年
- 「福祉・介護の職場改善 会議・ミーティングを見直す」川原経営総合センター監　大坪信喜著　実務教育出版　2013年
- 「はじめてのサービス担当者会議」はじめてのケアマネジメント作成委員会著　中央法規出版　2013年
- 「サービス担当者会議マニュアル――準備から終了後まで」担当者会議向上委員会著　中央法規出版　2012年
- 「ケア会議の技術」野中猛・高室成幸・上原久著　中央法規出版　2007年
- 「図説ケアチーム」野中猛著　中央法規出版　2007年
- 「多職種連携の技術（アート）――地域生活支援のための理論と実践」野中猛・野中ケアマネジメント研究会著　中央法規出版　2014年
- 「障がい者ケアマネジメントの基本――差がつく相談支援専門員の仕事33のルール」東美奈子・大久保薫・島村聡著　中央法規出版　2015年
- 「ケアマネジャーの質問力」高室成幸著　中央法規出版　2009年
- 「新・ケアマネジメントの仕事術――現場実践の見える化と勘所」高室成幸著　中央法規出版　2015年

著者プロフィール

高室成幸（たかむろ　しげゆき）
ケアタウン総合研究所　代表

京都市生まれ　日本福祉大学社会福祉学部卒業
2000年にケアタウン総合研究所を設立し、ケアマネジャーや主任介護支援専門員、地域包括支援センター、相談支援専門員、社協職員、行政職員、施設職員、施設管理者などを対象に、ケアマネジメント、地域包括ケアシステム、モチベーション、施設マネジメント、虐待予防、リスクマネジメントから質問力、文章・記録など多岐にわたるテーマで研修・執筆・コンサルテーションを行っている。著書・監修書多数。雑誌への寄稿も多い。

主な著書
- 「新・ケアマネジメントの仕事術――現場実践の見える化と勘所」単著（中央法規出版）2015年
- 「ケアマネジャーの仕事力――スキルアップ13の技術」単著（日総研出版）2008年
- 「ケアマネジャーの質問力」単著（中央法規出版）2009年
- 「介護予防ケアマネジメント――「質問力」で磨こう アセスメントとプランニング」単著（中央法規出版）2007年
- 「ケア会議の技術」共著（中央法規出版）2007年
- 「介護保険『ケアプラン点検支援マニュアル』活用の手引」共著（中央法規出版）2008年
- 「施設ケアプラン記載事例集――チームケア実践」共著（日総研出版）2017年
- 「『選ばれる福祉職場』になるための採用面接――複数面接＆実技観察」単著（メディア・ケアプラス）2016年
- 「伝える力」単著（筒井書房）2010年
- 「言いにくいことを伝える77のコミュニケーション――介護施設編」単著（筒井書房）2011年

他多数

主な監修書
- 「ケアマネジャー手帳」（中央法規出版）
- 「もう限界！！」介護本シリーズ（自由国民社）
- 「介護保険の基本と仕組みがよ～くわかる本」（秀和システム）
- 「これでわかる親の介護」（成美堂出版）2015年

※研修事業に関する問い合わせ
ケアタウン総合研究所　http://caretown.com

ケアマネジャーの会議力

2017年5月5日　発行

著　者　高室成幸
発行者　荘村明彦
発行所　中央法規出版株式会社
　　　　〒110-0016　東京都台東区台東3-29-1　中央法規ビル
　　　　営　　業　TEL 03-3834-5817　FAX 03-3837-8037
　　　　書店窓口　TEL 03-3834-5815　FAX 03-3837-8035
　　　　編　　集　TEL 03-3834-5812　FAX 03-3837-8032
　　　　http://www.chuohoki.co.jp/

印刷・製本　西濃印刷株式会社
装　　幀　渡邊民人（TYPEFACE）
本文デザイン　清水真理子（TYPEFACE）
本文イラスト　森海里

定価はカバーに表示してあります。
ISBN978-4-8058-5489-1

本書のコピー、スキャン、デジタル化等の無断複製は、著作権法上での例外を除き禁じられています。また、本書を代行業者等の第三者に依頼してコピー、スキャン、デジタル化することは、たとえ個人や家庭内での利用であっても著作権法違反です。
落丁本・乱丁本はお取り替えいたします。